Sebastian Fieber

Werbestrategien für Social Media

Chancen und Risiken der Individualisierung

Bibliografische Information der Deutschen Nationalbibliothek:

Die Deutsche Nationalbibliothek verzeichnet diese Publikation in der Deutschen Nationalbibliografie; detaillierte bibliografische Daten sind im Internet über http://dnb.d-nb.de abrufbar.

Impressum:

Copyright © Studylab 2019

Ein Imprint der Open Publishing GmbH, München

Druck und Bindung: Books on Demand GmbH, Norderstedt, Germany

Coverbild: Open Publishing GmbH | Freepik.com | Flaticon.com | ei8htz

Inhaltsverzeichnis

Abbildungsverzeichnis V

1 Einleitung 1

2 Der Mensch im Kontext sozialer Medien 2

2.1 Veränderung der Medienlandschaft und des Konsums von Medien 4

3 Werbestrategien im Wandel 6

3.1 Definition von Marketing im Kontext Social Media 6

3.2 Kommunikationsmöglichkeiten und Einsatzgebiete 8

3.3 Ziele und Einsatzgebiete sozialer Medien 12

3.4 Dienste und Plattformen im Bereich SMM 14

4 Ausgewählte Plattformen im Bereich Social-Media-Marketing 18

4.1 Facebook als Instrument im Bereich SMM 18

4.2 Instagram als Marketingplattform 21

4.3 YouTube und Videomarketing 23

4.4 Zielgruppenermittlung im Bereich Social-Media 25

4.5 Tracking Methoden im Bereich des Affiliate-Marketings 26

4.6 Pixel Tracking als umstrittene Maßnahme zur Datenermittlung 27

5 Bewertung des Bereichs Social Media Marketing 30

5.1 Datenmine Mensch 30

5.2 Datenschutzauflagen im Kontext der EU Datenschutz-Grundverordnung 32

5.3 Beeinflussung des Kaufverhaltens durch Online-Werbung 34

5.4 Native Advertising als neue Werbemethode im Bereich sozialer Medien 39

6 Fazit 45

7 Wie können sich Verbraucher schützen? Ein Ausblick in die Medienerziehung und Maßnahmen **48**

    7.1 Tracking 48

    7.2 Social-Hacking und Missbrauch 49

    7.3 Werbung 51

    7.4 Erziehungsmaßnahmen 51

Literaturverzeichnis **56**

Abbildungsverzeichnis

Abbildung 1 - Medien- und Internetnutzung 2014 nach Altersgruppen. 5
Abbildung 2 - Erscheinungsformen des Online-Marketings 7
Abbildung 3 - Übersicht in Form des Social-Media-Prismas 9
Abbildung 4 - Entwicklung der Umsätze mit Social-Media-Werbung in Deutschland 15
Abbildung 5 - What happens online in 60 seconds? (2014-2016) 17
Abbildung 6 - Beispiel für einen bezahlten Beitrag auf Facebook 21
Abbildung 7 - Wirkmodelle des Kaufprozesses 35
Abbildung 8 - Social-Media-Websites, die am wahrscheinlichsten Käufe beeinflussen 37
Abbildung 9 - Wie Social Media Kaufentscheidungen beeinflusst 38
Abbildung 10 - Beispiel Native Advertising auf Instagram 41
Abbildung 11 - Werbung auf dem Online-Magazin Bento 42
Abbildung 12 - Wie häufig nutzen Sie die folgenden sozialen Medien bzw. Netzwerke? . 47
Abbildung 13 - Dimensionen von Medienkompetenz. 53

V

1 Einleitung

Ein Leben ohne soziale Medien ist für nahezu jeden Nutzer mobiler Online-Endgeräte oder Computer nicht mehr vorstellbar. Sei es nun WhatsApp, Facebook oder YouTube so sind diese Formate und Apps Träger der Social-Media-Landschaft und verbinden über einen sozialen Raum Milliarden Menschen weltweit. Diese rasante Entwicklung der Informationstechnologien machte soziale Netzwerke handhabbar und nutzerfreundlich.

Im Zuge der Digitalisierung laufen diese Formate klassischer Online-Kommunikation über bspw. E-Mails den Rang ab und stellen vielmehr ein gesellschaftliches Thema, gar Phänomen dar. Dies zeigte sich während des Wahlkampfes 2008 in den USA, als politische und gesellschaftliche Themen, Trends und Kontroverse auf Facebook, YouTube oder Twitter massenhaft diskutiert wurde. Ganze Projekte wie *Kony2012* standen im Licht der sozialen Medien, welche eine rasante Verbreitung unter Millionen möglich machte. Der Reiz an sozialen Medien repräsentiert das menschliche Grundbedürfnis nach Austausch, Kommunikation und Gesellschaft und bringt das klassische Internet mit dem Konzept der user-generated Web 2.0 auf das nächste Level.

Dieses Potential erkennen ebenso Unternehmen und Konzerne, welche soziale Netzwerke als neuen Counterpart zu den klassischen Massenmedien wie TV, Print oder Radio sehen. Die Finanzierung solcher Netzwerke sowie jener *Content-Creator* erfolgt fast ausschließlich über Werbung. Doch inwiefern ist der Nutzer davon betroffen? Bleibt es bei Werbebannern und kurzen Werbeclips oder steckt viel mehr hinter den Werbestrategien der Unternehmen? Welche Möglichkeiten hat Werbung im Web 2.0?

Ziel dieser Bestandsanalyse soll die Erläuterung relevanter, themenbezogener Begriffe und Thematiken, Darstellung der Social-Media-Welt im Bereich Werbung, sowie das Potential der Werbung auf diversen Plattformen sein. Abschließend sollen Chancen, Risiken und Lösungsansätze vorgestellt werden. Dabei stehen ebenso der Fokus auf die Art und Weise der Zielgruppenermittlung, sowie die Sichtweise der Unternehmen im Fokus.

2 Der Mensch im Kontext sozialer Medien

Durch den Austausch von Informationen im sowohl privaten- als auch im formellen Bereich bedienen sich Menschen verschiedener Möglichkeiten. Von der klassischen Face-to-Face Kommunikation, über Print- oder audiovisueller Medien, bis hin zum rasanten Austausch in sozialen Netzwerken als Äquivalent zu den klassischen sozialen Systemen, in welches jedes Individuum eingebunden ist.

Dabei ist unter „sozialen Systemen" die bereits klassischen Gesellschaftsgefüge zu verstehen, in denen Menschen kommunizieren und somit Informationen erschaffen, austauschen, evaluieren. Durch das Hinzukommen digitaler Systeme und die hohe Geschwindigkeit der Netzwerke kann dieser Austausch jederzeit, weltweit erfolgen.

> „Der Mensch verarbeitet die Information (Informationsverarbeitung), d. h., er kann die Information erfassen, erzeugen, transformieren, speichern und übertragen bzw. kommunizieren. Dabei kann er sich durch Informationsverarbeitungs- und Kommunikationstechniken unterstützen lassen, durch konventionelle Techniken wie Bleistift und Papier, Briefpost und Telefon, aber auch durch moderne bzw. IT-gestützte Techniken wie Computer und digitale Netzwerke (computergestützte Informationsverarbeitung und Kommunikationssysteme). (...) Der Mensch ist Teil der Gesellschaft und somit Teil eines sozialen Systems, das auch als „soziales Netzwerk" bezeichnet wird (zunächst ohne Unterstützung digitaler Systeme)."

(Gabriel & Röhrs, 2017).

Zum genaueren Verständnis bedarf es einer Definition des Begriffs „Social Media". Mit der Einleitung im Zusammenhang soziale Medien und Informationsaustausch ergibt sich hier das wesentliche Gesamtbild, nämlich die gemeinschaftliche Schaffung, Austausch und Nutzung von Inhalten und Informationen.

> „Social Media ist eine Vielfalt digitaler Medien und Technologien, die es Nutzern ermöglicht, sich auszutauschen und mediale Inhalte einzeln oder in Gemeinschaft zu gestalten. Die Interaktion umfasst den gegenseitigen Austausch von Informationen, Meinungen, Eindrücken und Erfahrungen sowie das Mitwirken an der Erstellung von Inhalten. Die Nutzer nehmen durch Kommentare, Bewertungen und Empfehlungen aktiv auf die Inhalte Bezug und bauen auf diese Weise eine soziale Beziehung untereinander auf. Die Grenze zwischen Produzent und Konsument verschwimmt ... Als Kommunikationsmittel setzt Social Media einzeln oder in Kombination auf Text, Bild, Audio oder Video und kann plattformunabhängig stattfinden."

(Scheffler, 2014).

Digitale Medien sind hierbei das Medium, welches die Inhalte wiedergibt oder auch zum Erstellen genutzt wird. Die anfängliche Nutzung des gemeinschaftlichen Austausches erfolgte vor den 1990er Jahren in Intranets und zunehmend im Internet zum beruflichen Austausch innerhalb von Unternehmen oder zu wissenschaftlichen Zwecken. Durch die zunehmende Popularität des Internets nach 1995 im privaten Gebrauch wuchs auch der Austausch in den ersten kleineren Netzwerken. So konstituiert Nicholas Negroponte, „wie die neue Welt zwischen „Multimedia" und „Internet" aussehen wird, und spricht von einer „radikalen Veränderung unseres gesamten Lebens." (Gabriel & Röhrs, 2017).

So wird der Begriff Social Media in zwei Kategorien geteilt:

- Der Schwerpunkt der Kommunikation: Hierbei handelt es sich mehr um simple Formen der Kommunikation
- Der Fokus auf den Schwerpunkt Inhalt, also vom Nutzer selbst erstellt, bearbeitet und ausgetauscht/kommuniziert (user-generated content). Diese Kategorie repräsentiert das Prinzip des Web 2.0.

Verkörpert wird das Web 2.0 im Bereich *Social Media* über Anwendungsplattformen wie bspw. Facebook, Twitter, YouTube oder Google+ mit einem stetig wachsenden Angebot von Apps. Die Nutzung erfolgt nach Auswertungen am häufigsten über Handys oder Tabletts.

Zusammengefasst stellen soziale Medien ein System aus digitalen Medien und Technologien dar, die über Anwendungsplattformen angeboten werden und mit denen unterschiedliche Anwendungen (Social-Media-Anwendungen) im Internet (bzw. im Intranet) über Web 2.0 ausgeführt werden können. Hierzu können sich z. B. Social Networks (soziale Netzwerke) als ein gemeinschaftliches Netzwerk von Benutzern bilden, die die Social- Media-Technologien nutzen. Charakteristisch für die Anwendungen sind die Kommunikation und vor allem die Erstellung (user-generated content) und die Verteilung von Inhalten, die in digitaler Form bzw. als digitale Medien vorliegen. (Gabriel & Röhrs, 2017).

Im Vergleich sozialer Medien zu „klassischen" (Massen-) Medien wie Print- oder audiovisuellen Systemen, besitzt dieser Informationsträger Vorteile, die hier gelistet dargestellt werden:

- Reichweite und Aktualität: Durch den beschleunigten Datenaustausch, welcher zurückzuführen ist auf die Verbesserung der Internetanbindung und Ausbau der Technologie (auch im mobilen Bereich), wird es fast jedem Menschen ermöglicht, weltweit Online zu sein und soziale Medien zu nutzen. Dadurch können auch Informationen jederzeit und ohne Verzug erstellt, aktualisiert und genutzt werden.

- Zugänglichkeit und Benutzerfreundlichkeit: Durch Apps und einfache Anmeldung und Nutzung dieser, wird die Nutzung auch ohne große Vorkenntnisse ermöglicht.

- Multimedialität: Insbesondere soziale Meiden ermöglichen die Kombination von Text. Bild, Ton, Video etc. und zugleich die Möglichkeiten diese zu teilen, zu kommentieren oder auf andere Art und Weise mit diesen zu interagieren. Dabei spielt auch der Punkt des user-generated content eine entscheidende Rolle, da jeder Nutzer selbst an diesem Prozess beteiligt wird/ist.

- Pull-Medium: Durch die Möglichkeit der aktiven Partizipation Inhalte erstellen oder beeinflussen zu können, also jeder Nutzer aktiv gefordert wird, entsteht eine engere Bindung mit den Netzwerken. (Gabriel & Röhrs, 2017, S. 19)

Auch wenn die Vorteile auf ersten Blick überwiegen, gehen mit diesen auch einige Nachteile einher, auf welche in einem späteren Kapitel Bezug genommen wird.

Zusammenfassend bedienen sich soziale Plattformen an einer multimedialen Darstellung von Informationen durch Bild, Text, Animationen oder Filme in kombinierter Form. Dabei findet die Zusammenarbeit mit diesen Plattformen oft interaktiv über *Multimedial-Systeme* statt, indem bspw. Texte oder Fotos weitergeleitet werden.

2.1 Veränderung der Medienlandschaft und des Konsums von Medien

Das Internet als Kommunikationsmedium schaffte ein neues Segment zu den existierenden Medien wie Print, TV oder Radio und gewann im 21. Jahrhundert zunehmend an Bedeutung als Massenmedium.

In Deutschland liegt der Konsum von Medien bei durchschnittlich täglich 240 min. TV, 192 min. Radio und 111 min. Internet. Laut Studien der ARD und ZDF nutzen circa 76,5% ab 14 Jahren das Internet, die unter 50-Jährigen sind nahezu vollständig im Internet angebunden, also 55.6 Millionen Menschen nutzen Online-Antobte mittels variierender Endgeräte. Dazu zählen ca. 63% mobile Endgeräte wie Handys oder Tablets. (Kolano, 2017).

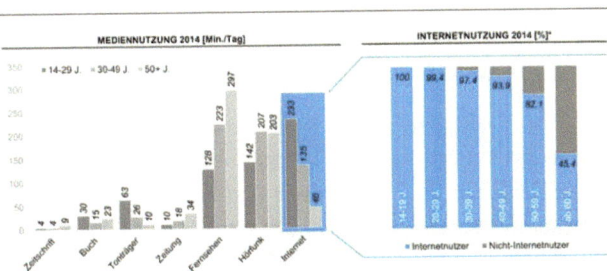

Abbildung 1 - Medien- und Internetnutzung 2014 nach Altersgruppen. (Kolano, 2017).

Für das Verständnis der Thematik dieser Arbeit soll hier die Aufschlüsselung der Internetnutzung genauer dargestellt werden.

> „90% aller Internetnutzer haben sich bereits online über Waren und Dienstleistungen informiert. Damit ist das Internet als Medium im Kaufentscheidungsprozess der Konsumenten fest verankert."

(Kolano, 2017).

Der Kauf von Waren oder Dienstleistungen liegt mit 65% als viert-höchste Priorität.

Auch im Bereich der Nettowerbeeinnahmen zeigte sich, nach Angaben des Zentralverbandes der deuten Werbewirtschaft, ein Anstieg auf 15,21 Mrd. Euro und zeichnet damit einen strukturellen Wandel innerhalb der Medien ab, nämlich einen Wandel zu digitalen Medien.

3 Werbestrategien im Wandel

3.1 Definition von Marketing im Kontext Social Media

Zunächst bedarf es einer genaueren Definition der Begriffe im Bereich Social Media und Marketings generell, welche zum Verständnis beitragen und relevant sind.

Schon der Begriff des „Marketings" findet keine spezifische Definition. Allgemein definiert steht jener „als ein Prozess im Wirtschafts- und Sozialgefüge, durch den Einzelpersonen und Gruppen ihre Bedürfnisse und Wünsche befriedigen, indem sie Produkte und andere Dinge von Wert erstellen, anbieten und miteinander austauschen." (Kotler, 2016).

Durch die Definition der American Marketing Association wird der stetige Wandel des Marketings verdeutlicht.

> „Marketing is the activity, set of institutions, and processes for creating, communicating, delivering, and exchanging offerings that have value for costumers, clients, partners, and society at large. "
>
> (Definition of Marketing, 2018).

Für die folgende Arbeit im Themenfeld des Social-Mediums-Marketings ist sich jedoch die Definition nach Bruhn geeigneter, da diese dezidierter auf dieses Feld übertragen werden kann:

> „Marketing ist eine unternehmerische Denkhaltung. Sie konkretisiert sich in der Analyse, Planung, Umsetzung und Kontrolle sämtlicher interner und externer Unternehmensaktivitäten, die durch eine Ausrichtung der Unternehmensleistungen am Kundennutzen im Sinne einer konsequenten Kundenorientierung darauf abzielen, absatzmarktorientierte Unternehmensziele zu erreichen"
>
> (Bruhn, 2009).

Durch die zunehmende Digitalisierung, also die Transformation analoger Informationen hin zu digital geteilte und genutzte Informationen, unterliegt das klassische Marketing und den dazugehörigen Strategien einem Wandel hin zu dem „Online Marketing". Dabei ist auch hier die Definition oft nicht klar gegeben und vielschichtig. Aktuell steht folgende Definition zur Verfügung:

„Online-Marketing umfasst die Planung, Organisation, Durchführung und Kontrolle aller marktorientierten Aktivitäten, die sich mobiler und/oder stationärer Endgeräte mit Internetzugang zur Erreichung von Marketing-Zielen bedienen"

(Kreutzer R., 2016).

Dabei ist es das Ziel der Märkte nicht mehr nur direkt zu werben oder lediglich über Geografisches und Demografisches Targeting zu arbeiten, sondern gezielt auf die Bedürfnisse der Nutzer einzugehen und Kontakt über soziale Medien zu pflegen. Dies kristallisiert auch den wesentlichen Charakter zeitgemäßer Kommunikation heraus.

Zur genaueren Darstellung des Aufbaus kann Abbildung 2 herangezogen werden, welche die diversen Elemente verdeutlicht. Kreutzer sieht demnach auch viele Elemente des Marketings im Bereich Mobile und Social-Media in Verbindung stehend mit dem Online-Marketing. Die Abbildung zeigt jedoch den Tiefgang und Dimension des Marketings im World-Wide-Web, welche viel weitreichender ist als nur über soziale Plattformen und Banner-Advertising im klassischen Stil der vergangenen Jahre. Relevant für die Arbeit sind in der Übersicht auch die für den Nutzer unsichtbaren Elemente des Marketings.

Abbildung 2 - Erscheinungsformen des Online-Marketings
(Kreutzer R., 2018)

Insbesondere der Aspekt des Social-Media-Marketings findet in dieser Arbeit einen großen Anteil. Dieser Begriff fand im Zuge der Popularität sozialer Medien und Netzwerke eine große Bedeutung und wurde auch als neuer Marketing-Weg gesehen. Simpel dargestellt basiert diese Form des Marketings auf den klassischen

Definitionen, lediglich dienen soziale Plattformen als Vermittler und wird um einige Elemente der Kommunikation und Präsentation erweitert. Auf diese wird in nachfolgenden Kapiteln genauer eingegangen.

3.2 Kommunikationsmöglichkeiten und Einsatzgebiete

Wie bereits im vorherigen Kapitel erwähnt, gewinnt der Bereich des Social-Media Marketings zunehmend an Bedeutung. Dies liegt auch an der wachsenden Relevanz der Kommunikation über soziale Medien, nicht nur für den Privatgebrauch, sondern auch für Unternehmen. In diesem Abschnitt soll vor allem eine Darstellung des Umfangs geschaffen und die Vielzahl der Instrumente dargestellt werden, welche dieses Umfeld umgeben.

Soziale Medien schaffen mit ihrer Echtzeitgenerierung an Daten und Information vollkommen neue Möglichkeiten und Herausforderungen an Nutzer, Plattformen und Unternehmen.

Oftmals wird die Plattform Facebook als das größte Netzwerk im Bereich Social-Media gesehen. Doch verdeutlicht gerade das Social-Media-Prisma (Ethority, 2018) das Spektrum der Möglichkeiten zur digitalen Kommunikation via Social-Media-Anwendungen insbesondere in Deutschland (siehe Abbildung 3). Auch wenn in diesen bestimmten Kategorien zur Einordnung festgelegt wurden, überschneiden sich die Apps und Plattformen in ihren Möglichkeiten und sind nicht auf nur eine Fähigkeit begrenzt.

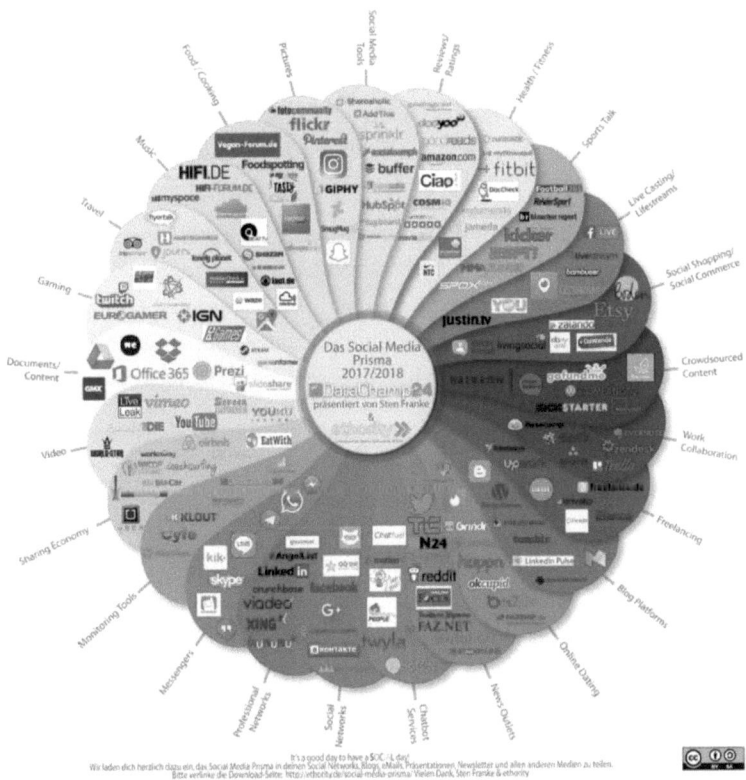

Abbildung 3 - Übersicht in Form des Social-Media-Prismas (Kreutzer R., 2018)

Dabei werden vor allem die unterschiedlichsten Bereiche deutlich, ferner die dazugehörigen Plattformen in ihrer Vielzahl.

- Soziale Netzwerke: Twitter, Facebook, Jodel
- Foto-Netzwerke: Instagram, Snapchat, Flickr
- Video-Plattformen: YouTube, Vimeo, LiveLeak
- Blogging-Netzwerke: Tumblr, Xing
- Diverse Wikis, Instant Messenger Dienste, Crowdsourced Content Plattformen

An dieser Stelle stellt sich heraus, dass neben den sogenannten Gründungsdiensten, also große Plattformen wie YouTube, Facebook oder Instagram stetig neue Plattformen an Bedeutung gewinnen. Dabei weisen Apps wie Google-Maps oder

YouTube als Beispiel keine spezifische Nutzergruppenzuordnung auf, während Apps wie „Jodel" oder div. Dating Apps hingegen spezifischere Nutzergruppen ansprechen. Der signifikante Unterschied zum klassischen Marketing ist hierbei auch die „Many-to-Many-Kommunikation". Diese weist jede der hier gelisteten Apps und Tools auf, ferner, dass „Kommunikation, Interaktion und dem Austausch von Inhalten und Informationen" (Grabs, Bannour, & Vogl, 2014) diesen zugrunde liegt.

Jeder Nutzer ist in diesem System oftmals auch gleichzeitig Produzent. Werden Informationen in Form von Text, Bild oder Video hochgeladen und somit für alle anderen Nutzer bereitgestellt, wird dies als „User-Generated-Content" bezeichnet. Schon über diese Inhalte kann eine Kommunikation mit anderen Benutzern stattfinden und wird oftmals mit dem Begriff „Prosument" in Verbindung gebracht:

> „Sie produzieren und erstellen Inhalte, indem sie Beiträge veröffentlichen, kommentieren, empfehlen, bewerten, Fragen stellen oder Antworten geben – und konsumieren diese Inhalte gleichermaßen."
>
> (Keßler, Rabsch, & Mandic, 2013).

User-Generated-Content erweist sich auch als neues Mittel im wirtschaftlichen Sinne, indem bestimmte Prozesse schlichtweg an eine Gruppe von Nutzern ausgelagert wird, auch Crowdsourcing genannt. Dadurch können Unternehmen dezidiert neue Ideen für Produkte gewinnen oder schlichtweg eine direktere Bindung zwischen Konsumenten und Produkt oder Idee hergestellt werden, indem sich die Nutzer intensiver mit einer Marke auseinandersetzen. Ein Beispiel dafür kann das „Burger-Battle" der Fast-Food-Kette McDonald's sein. Bei diesem Wettbewerb konnte jeder Nutzer eigene Burgerkreationen einreichen und auch die Community entschied über den Gewinner. Die Vorteile hierbei sind die Authentizität und Kundenbindung mit der Marke und dem Produkt bzw. die Identifikation mit dem Unternehmen. Ferner erzeugen solche Kampagnen hohe Reichweite und stärken das eigene Image. Der produzierte Content ist letztendlich kostengünstiger.

Darüber hinaus besteht für Unternehmen weiter die Möglichkeit diverser anderer Formen zur Erhöhung der Werbereichweite und Effizienz einzusetzen. Ergänzend zu den sozialen Netzwerken können Suchmaschinenoptimierung und Display-Advertising, also bspw. Pop-up Banner und Cookies, das Potenzial der Social-Media-Marketing-Elemente erweitern. Dazu zählen ebenso elektronische Kommunikationssysteme wie E-Mail-Verkehr durch direkten Kontakt oder indirekt durch Newsletter oder ähnliche *Push-Instrumente,* also jene Systeme, die Informationen direkt an den Kunden heranführen. Sogenannte *Pull-Instrumente* hingegen bestehen aus der Bereitstellung von Werbeinfos wie bspw. Protokolle, Zeitschriften oder simple Online-Beiträge. (Gabriel & Röhrs, 2017).

> „Moderne Systeme im Intranet nutzen Web 2.0 und bieten nicht nur Push- und Pull-Funktionen, sondern erlauben auch interaktive Kommunikationsmöglichkeiten, die sich im Social Media zusammenfassen lassen. Beispiele hierfür sind Foren, Wikis, Blogs, Chats und Web-Konferenzen. So können sich interne Social Networks bilden, die neben formellen auch sehr häufig informelle Kommunikationsprozesse beinhalten, die sowohl über fest installierte Rechnernetze als auch über mobile Systeme ablaufen können (z. B. über Tablets und Smartphones)."

(Gabriel & Röhrs, 2017)

3.2.1 Crowdsourcing im Web 2.0

Wie bereits angesprochen stellen Crowd-Sourcing Ansätze bzw. User-Generated Content eine probate Strategie in der aktiven Kommunikation und Zusammenarbeit im Web 2.0 dar.

> „Hiermit bezeichnet man eine Strategie von Auslagerungen von Unternehmensaufgaben (Outsourcing) auf die Tätigkeitspotenziale einer „Menschenmasse" (Crowd), deren Mitglieder freiwillig und häufig auch unentgeltlich öffentlich bekannt gemachte Aufgaben über das Internet ausführen, wobei sie sich selbst organisieren, alleine oder in einer Gruppe. Crowd Sourcing ist also eine Auslagerung von Arbeits-Problemlösungs- und Kreativprozessen an die Masse der Internetnutzer"

(Gabriel & Röhrs, 2017).

Diese Form der Zusammenarbeit gewinnt zunehmend an Bedeutung für Unternehmen und stellt eine wichtige Strategie für Werbemaßnahmen in sozialen Netzwerken dar. Dabei kann es noch vor der eigentlichen Publikation einer Werbemaßnahme die Zusammenarbeit mit einer breiten Masse erfolgen, um so diverse Lösungen, Konzepte und Ideen oder vorab Testungen zu erzielen oder erzeugen. Durch die Nutzung einer *kollektiven Intelligenz* wird so ein direkter Bezug zu den Konsumenten durch die Konsumenten erzielt. Vorteile sind dabei die direkte Anbindung an die Kundschaft, sowie die gemeinsame Entwicklung neuer Idee direkt mit den Nutzern. Dadurch steigt auch die Seriosität des Unternehmens, da direkt auf Bedürfnisse eingegangen werden kann. Im Bereich Social Media wird diese Form der Selbstorganisation und Präsentation in diversen Bereichen und auf Plattformen zur probaten Methode.

Eine absolute Trennschärfe zwischen der Generation Web 1.0 und Web 2.0 lässt sich nicht erfassen, denn zählten schon Social-Software wie Chatprogramme oder Communities zu den Ursprüngen der Web 2.0 Kommunikation. Die Weiterentwicklung ist auch ein Ausdruck des Kommunikationsbedürfnisses innerhalb der Social-Media-Welt. So sind die wesentlichen Bestandteile das Erstellen und Teilen von Inhalten, die Vernetzung untereinander und Austausch von Meinungen. (Beilharz, 2012),

Die nutzergenerierten Inhalte stellen ein grundsätzliches Prinzip des Web 2.0 dar, welche ferner eigenen Werten, spezifisch *„user added values"* folgt. Das Anknüpfen an das vorherige Paradigma vertieft den Entstehungsprozess der Inhalte und ist demnach gebunden an die Aktivität der Nutzer mittels Beiträge.

> „Mit jedem neuen Nutzer steigt damit der Wert des Produkts. Der User profitiert seinerseits in hohem Maße vom Netzwerkeffekt und da er sich zumeist aus persönlichen Motiven im Web bewegt, gibt er auch gerne etwas an die Community zurück."

(Hettler, 2012).

3.3 Ziele und Einsatzgebiete sozialer Medien

Wie schon im vorherigen Abschnitt in Bezugnahme auf User-Generated-Content erwähnt, ist mit dem Einsatz sozialer Medien vor allem die Integration und Anbindung der sowohl Nutzer als auch Konsumenten durch die aktive Partizipation und Kreierung gegeben. Dies stellt einerseits einen Wandel vom klassischen Sender-Empfänger-Prinzip dar, bei welchem Werbung über Massenmedien lediglich ausgestrahlt bzw. gesendet wurde, hin zum Integrieren der Nutzer via Kommunikation und Interaktionsmöglichkeiten. Deshalb soll aus der Perspektive der Unternehmen eine Betrachtung zum Verständnis der Werbemöglichkeiten im Social Media Bereich erfolgen und Ziele definiert werden.

Die Studie des DIM aus dem Jahr 2018 ergab folgende Top-3-Ziele:

1. Neukundengewinnung: 77,7 %
2. Kundenbindung: 71,3 %
3. Steigerung der Marken-/ Produktbekanntheit: 63,7 %

Ferner steht der Kundendialog mit 53,5 % als weiteres Ziel, sowie der Dialog mit den Kunden und die Optimierung des Produkt- oder Markenimages. Aus dem Bericht geht im Vergleich mit den Vorjahren 2013/2014 hervor, dass vor allem

Marktbekanntheit und Neukundengewinnung in den Vordergrund rückten, sowie, dass mehr Ziele im Zusammenhang des Social-Media-Marketings erklärt wurden.

Daraus ergeben sich die wesentlichen Einsatzgebiete im Bereich Werbung und Kundenbindung, sowie Service.

Die Zukunft des SMM liegt in den Vorteilen der verbesserten Herstellung der Kundenbindung und Intensivierung der Beziehungen.

> „Zusammengefasst ist Social Media Marketing zu einer unverzichtbaren Disziplin der Unternehmenskommunikation herangewachsen. Das Hauptziel der SMM-Aktivitäten, die Interaktion mit dem Kunden, ist für Unternehmen seit dem Wachstum der sozialen Medien zu einer Pflicht geworden, um im Wettbewerb bestehen zu können. Unternehmenserfolg ist vor allem dann gegeben, wenn man als Unternehmen einen zielgruppenorientierten Internetpräsenz gewährleisten kann. Social Media Marketing dient hierbei als geeignetes Mittel und wird auch in Zukunft weitere Entwicklungen durchlaufen."

(Bernecker, 2018).

Die Trendwende vom klassischen Breitbandwerben in Zeitungen, Zeitschriften, TV oder Plakaten hin zum großangelegten Werbeauftritt samt Nutzerintegration zeigt auch das Spektrum von SMM. Schon eine genauere Zielgruppenanalyse und Schalten von Werbebeiträgen beispielsweise bringt viele Vorteile für Firmen und Unternehmen. Die gesteigerte Geschwindigkeit und Reichweite ermöglicht auch den Nutzern Teil dieses Prozesses zu sein. Darauf soll in einem weiteren Abschnitt genauer eingegangen werden.

Im Vergleich zum klassischen Trendscouting, bei dem das Hauptaugenmerk auf Marktbeobachtung und Forschung lag, liegt im Social-Media-Marketing dieses Ziel laut Kreutzer nur noch bei 31% (2012), da soziale Netzwerke direkt Meinungen, Trends und Gesinnungen ofenbaren und sei es durch klassische Rezensionen oder „Gefällt-mir" Angaben. Die Informationsgewinnung hier läuft oftmals in Echtzeit ab und liefert direktes Feedback. (Kreutzer R. , 2018).

3.4 Dienste und Plattformen im Bereich SMM

3.4.1 Einsatz und Relevanz eingesetzter Instrumente

Für Unternehmen, welche im Bereich Social-Media-Marketing tätig werden, sind vor allem große Plattformen wie Facebook, Twitter oder YouTube interessant, jedoch auch die Art und Weise der Nutzung jener Dienste. So gehen auch aus dem Bericht des DIM hervor, welche Plattformen am häufigsten als Instrument genutzt werden. Dabei wird in drei Bereiche unterteilt: Pflicht, Kann und Kür. (Bernecker, 2018).

- Pflicht: Hierbei sind die leitenden Dienste Facebook, YouTube, Twitter oder Blogs vertreten.
- Kann-Instrumente: Google+, Instagram, Wikis, Foren
- Kür-Instrumente: Tumblr, Flickr, Snapchat.

So schlussfolgern die Durchführenden der Studie, dass *„wichtigste Kriterium für die Unternehmen bei der Auswahl eines passenden SMM Instruments ist die Zielgruppenpassung (61,9 Prozent), d.h. ob die entsprechende Zielgruppe auf der Plattform zu erreichen ist. Im Vergleich zum Vorjahr (46,3 Prozent) ist der Wert um knapp 15 Prozentpunkte angestiegen und zeigt damit deutlich die wachsende Relevanz und Fokussierung auf die entsprechenden Zielgruppen. Auch die Bekanntheit und generelle Nutzerzahlen stellt für 31,7 Prozent der Unternehmen einen ausschlaggebenden Anhaltspunkt für die Auswahl dar."* (Bernecker, 2018).

Folglich stellen Facebook (85,5 %) und YouTube (75,8 %) die größten SMM-Instrumente laut Bericht des DIM dar. Jedoch entwickelt sich der Facebook Ableger Instagram zu einem neuen Trend-Tool, da gerade hier die Mobilität und der einfache Aufbau für zielgerichtete und unkomplizierte Handhabung sprechen. So planen, laut Studie, circa ein Drittel der befragten Unternehmen die Aufnahme.

Unternehmen berufen sich ferner auf drei wesentliche Fähigkeiten im Bereich sozialer Medien: Kooperation über Kreativportale, Content-Sharing in Form von Bild, Text oder Video, sowie die weitereichende Kommunikation über Blogs, soziale Netzwerke oder div. andere Plattformen. Dies verdeutlicht erneut das Werbepotential im Vergleich zu klassischen Medien wie TV, Print oder Radio.

Ferner zeigt das wachsende Werbebudget in sozialen Medien, welches sich von 2016 bis 2021 verdoppeln soll (Kreutzer R., 2018), welches Potenzial in dieser Branche steckt.

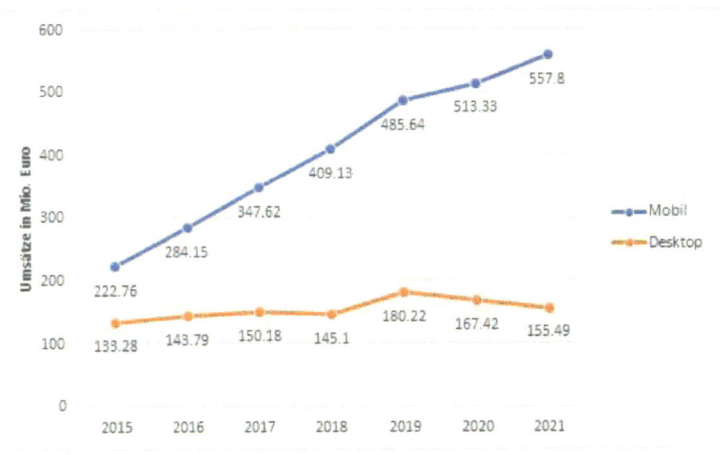

Abbildung 4 - Entwicklung der Umsätze mit Social-Media-Werbung in Deutschland (Kreutzer R., 2018)

Dabei spielen vor allem mobile Geräte eine wichtige Rolle für soziale Medien: So fasst Kreuzer zusammen, „dass der überwiegende Teil des Budgets in die mobilen Social-Media-Kanäle fließen wird. Auch hier folgen die Unternehmen konsequent ihren Kunden! Denn eine Studie von bitkom (2017) zeigt schon heute eine Dominanz mobiler Geräte beim Zugriff auf die sozialen Medien (…)." (Kreutzer R., 2018).

Dabei liegt der Anteil im Bereich Smartphones bei 58%, Laptops 39%, Tablets 35%, Desktop-PC 28%.

3.4.2 Virales Marketing und Reichweite im Social-Web

Durch regelmäßige auftretende Trends wird gerade die enorme Geschwindigkeit der Verbreitung durch Social-Media-Aktivitäten verdeutlicht. Daraus entsteht auch im Bereich SMM via viralem Marketing ein Interesse der Nutzung dieses Effekts. Jener Effekt entsteht durch die Vernetzung und schnelle Verbreitung innerhalb der Netzwerke, bspw. Durch Empfehlungen oder gezieltes Teilen von Inhalten auf der eigenen Profilseite. Erkennungsmerkmale solcher Kampagnen, auch „Empfehlungsmarketing" sind vor allem die geringe Hürde zum Teilen der Informationen, sowie die Brisanz eines Themas. Als Beispiel hierfür kann die Kampagne zur Suche des Kriegsverbrechers Joseph Kony in Uganda „Kony 2012" herangezogen werden. Hauptsächlich wurde dieses Video über Plattformen wie Twitter, YouTube oder Facebook verteilt und erreichte 48 Stunden nach Veröffentlichung 20 Millionen Aufrufe. Durch die Brisanz des Themas wurde diese Kampagne zusätzlich durch prominente Personen wie Rihanna oder Justin Bieber unterstützt, welches die Reichweite erneut erhöhte. In diesem „World-of-Mouth" Marketing besteht die wesentliche Leistung der Unternehmen darin, sich diese bestimmten Wege der Kommunikationseffekte zu Nutze zu machen. Dabei ist vor allem die des Videos relevant, denn soll nicht auf dem ersten Blick die Botschaft als Werbung wahrgenommen, sondern eine emotionale Bindung ausgelöst werden.

Insbesondere diesen Effekt machen sich Unternehmen im Bereich Marketing via soziale Netzwerke zu nutzen. Ein weiteres Beispiel ist der YouTube Kanal „Will it Blend" mit nunmehr 884.000 Abonnenten. Hierbei präsentiert die Firma „Blendtec" ihr Produkte, indem diese mit einem leistungsstarken Mixer diverse Apple-Produkte oder andre Gegenstände aus dem Alltag zerstören. Dieser virale Hit ermöglicht durch humorvolles Auftreten einen Internet-Trend zu setzen und gleichzeitig ihre Produktserien anzuwerben.

Mit diesen Dimensionen an Nutzerzahlen und Aufrufen diverser Videos war es nur eine Frage der Zeit, bis diese Netzwerke als neues Werbefeld von großen wie kleinen Unternehmen erschlossen wurde. Der Zuwachs wurde auch durch Studien des DIM verzeichnet und mit weiteren Anstiegen für die Zukunft prognostiziert. Hinzu kommt auch die Geschwindigkeit des Anwachsens der täglich veröffentlichten Inhalte auf diversen Plattformen, welches Abb. 5 darstellt.

Durch die nachfolgende Abbildung können nicht nur die Geschwindigkeiten in u. A. den größten sozialen Netzwerken pro Minute dargestellt, sondern auch jene durch ihre entsprechende Reichweite in Größen eingeteilt werden. Zu erkennen sind auch die Transformationen der vorherigen Jahre und der entsprechende Zuwachs innerhalb eines Zeitraums von drei Jahren. Signifikant ist der Anstieg der Uploads auf Instagram, nämlich um circa 63 Prozent im Vergleich von vor drei Jahren. Auch YouTube verzeichnet einen deutlichen Anstieg in der Upload-Frequenz. Dieser enorme Zuwachs wird in Fachkreisen auch als „Content-Shock" bezeichnet.

Dies hat zur Folge, dass die Inhaltsflut zu dominant werden kann und die eigentliche Information eines bspw. Videos oder Qualität der Plattformen untergehen. Für Unternehmen ist es deshalb von Bedeutung jene Werbung dezent, gar unauffällig zu platzieren.

Guter Inhalt muss deshalb wichtiger sein, als die Fülle an Werbung und Verbreitung an Information generell.

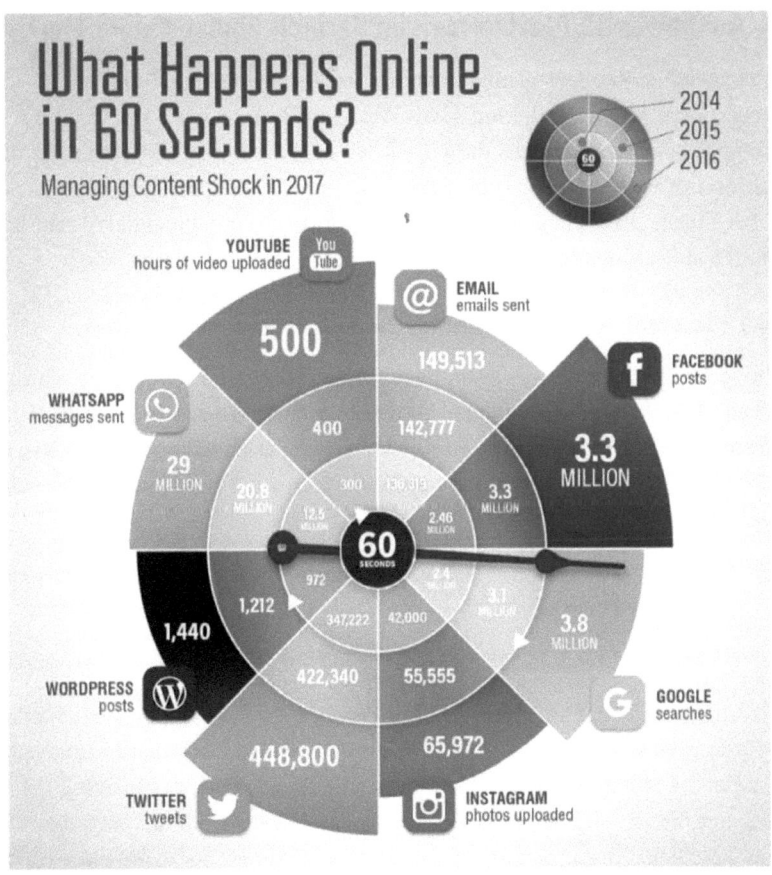

Abbildung 5 - What happens online in 60 seconds? (2014-2016) (Allen, 2017).

4 Ausgewählte Plattformen im Bereich Social-Media-Marketing

In folgendem Kapitel soll eine Übersicht mit Bezugnahme auf das Potential im Bereich Social-Media-Marketing, sowie Werbung für das nähere Verständnis über die Dimensionen des Bereichs dargestellt werden. Dazu liegt der Fokus auf die drei größten Plattformen YouTube, Facebook und als Ableger davon Instagram. Darüber hinaus bieten jene Plattformen eine präzise Darstellung der Werbemöglichkeiten auf sozialen Medien.

4.1 Facebook als Instrument im Bereich SMM

In Verbindung mit der Fähigkeit über soziale Netzwerke viele Menschen zu erreichen, steht die Idee auch auf den aktivsten Netzwerken entsprechende Werbevertretung eines Unternehmens zu repräsentieren. Dazu zählt laut dem Report der Social-Media-Marketing-Industry aus dem Jahr 2017 Facebook als am stärksten vertretene Plattform:

> „A very significant 94% of marketers use Facebook (followed by Instagram at 66%). Two in three marketers claim Facebook is their most important social platform. "

(Stelzner, 2018, S. 5).

Facebook stellt das weltweit größte Netzwerk im Bereich Social-Media dar und wurde 2004 gegründet. Derzeit verzeichnet Facebook 2,2 Milliarden aktive Nutzer, wovon 1,4 Milliarden täglich aktiv sind. (AllFacebook.de, 2018). Seit 2014 gehört der der Instant-Messenger WhatsApp zu Facebook, zwei Jahre zuvor wurde auch der Fotodienst Instagram übernommen.

Ferner befasste sich diese Studie mit den Grundlagen der Vermarktung von Unternehmen um das eigene Wachstum zu fördern. Gestaffelt stehen Facebook, gefolgt von Instagram, Twitter, LinkedIn und YouTube hierfür. Dabei verzeichnete besonders die Plattformen Instagram einen Zuwachs um 54 % zum Vorjahr und nimmt somit noch vor Twitter den zweiten Platz ein. Dennoch macht die Werbung durch Facebook mit 72% noch den Löwenanteil aus, da nahezu die Hälfte aller auf Facebook vertretenen Unternehmen ihre Werbeaktivität auf jener Plattform erhöhten bzw. 67 % eine Erweiterung in den nächsten 12 Monaten planen. (Stelzner, 2018).

Die Grundlage der Partizipation an Facebook ist das Erstellen eines Profils bzw. „Accounts". Dabei erfolgt die Registrierung über Email mit Angabe persönlicher Daten wie Vor- und Nachnahme, Passwort, Geburtsdatum und Geschlecht. Dieses Profil kann um diverse andere Angaben wie Herkunft, Laufbahn und Interessen sowie

Vernetzung mit Familienmitgliedern erweitert werden. Jene erweiterten Angaben sind freiwillig, spielen aber in der Auswertung für spätere Marketingzwecke eine wichtige Rolle. Um ein Unternehmen auf Facebook zu registrieren bedarf es die Erstellung eines Unternehmensprofils, welches in der Grundausstattung kostenlos ist. Über diese eigene Seite können Informationen in Form von Videos, Bildern und Text mit zusätzlichen Verlinkungen bspw. Zu einem Produkt oder der Unternehmenswebsite geteilt werden. Zur dezidierten Generierung von Reichweite an eine spezifische Klientel kann eine Unternehmensseite auch zusätzlich eingestellt werden, bspw., dass nur eine bestimmte Zielgruppe im Alter 18-25 Jahren erreicht wird. Jeder einzelne Nutzer kann durch ein simples „Gefällt mir" oder Abonnement der Seite folgen und erhält somit auch zukünftig Updates in seinem Feed, also der Startseite. Ferner ermöglicht es den Nutzern Produkte zu bewerten, zu Teilen oder zu kommentieren. Mittels der Nachrichtenfunktion kann über den Facebook Nachrichtendienst „Messenger" direkt kommuniziert werden. Entscheidend für die Erhöhung der Reichweite ist die Erkennung von Facebookbeiträgen von Suchmaschinen wie bspw. Google. Wurden entsprechende Links oder Informationen in diverse Beiträge der Unternehmensseite integriert erhöht sich die Wahrscheinlichkeit als erstes Suchergebnis zu erscheinen, welches folglich die Reichweite erhöhen wird.

Erweitert wird dieses kostenlose Angebot durch das Schalten von bezahlten Anzeigen. (Facebook, 2018). Durch Facebook Advertising konnte das Unternehmen im Zeitraum von 2012 bis 2015 die Einnahmen von circa 4,4 Milliarden auf 17 Milliarden US-Dollar steigern. Das Wachstum blieb für das Unternehmen stetig und beläuft sich durch Prognosen für das Jahr 2018 auf 33,8 Milliarden US-Dollar. (eMarketer, 2016).

Vor dem Freischalten der Werbeanzeige werden die entsprechenden Marketingziele ausgewählt. Diese bestehen aus den Überbegriffen Bekanntheit (Reichweite und Bekanntheit auf Markt oder regional), Erwägung (Besucherverkehr, Interaktionen, Aufrufe) und Konversion (Verkäufe, Besuche im Geschäft). (Dziuba, Facebook Gebotsvariantien, 2017).

Mittels dieser Anzeigen kann zum einen geprüft werden, wie präsent die angesteuerte Zielgruppe ist oder ob darüber hinaus noch Personen aus anderen Bereichen auf die Unternehmensseite aufmerksam wurden.

Entscheidender ist für die die Unternehmen, welche ihren Fokus auf bezahlte Werbeanzeigen legt, die Evaluation des Erfolgs. Dazu bietet Facebook eine Vielzahl kostenloser Statistiken, die eine Zusammenfassung von einer Woche mit den relevantesten Aktionen auf der Seite, bzw. der eigenen Anzeige zusammenfasst. Dabei besteht die Möglichkeit einen detaillierten Einblick über Zielgruppe, Zeiten und Regionen zu erhalten. Mit Auswertung der Zielgruppe können zukünftige Kampagnen dezidierter geschalten werden. (Buchenau & Fürtbauer, 2016).

Hierbei besteht jedoch auch die Fähigkeit Facebooks gezielt Daten über die Nutzer bestimmter Plattformen zu sammeln, was für einen Eklat im April 2018 sorgte. Auf diese Bedenken soll zu einem späteren Zeitpunkt eingegangen werden.

Auch stellt sich an dieser Stelle die Frage nach der Authentizität der Reichweite, denn bieten diverse Drittanbieter Bot-Dienste und das Kaufen von Likes und somit Reichweite an. Denn hierbei können sowohl Unternehmen als auch Nutzer mittels falscher Zahlen und Größen getäuscht werden. Grundsätzlich erhalten Firmen mit scheinbar größerer Reichweite durch mehr Abonnements bspw. ein größeres Vertrauen, als kleine Start-up oder Newcomer. Dies soll jedoch nicht Mittelpunkt dieser Arbeit sein.

Im Wesentlichen geriet der Social-Media-Markt, insbesondere jener der Influencer (dieser Begriff wird im nachfolgenden Teil der Arbeit weiter ausgeführt) ins Visier der Deep-Data-Analysten, welche gefälschte Zahlen und Reichweiten aufdecken und so die Authentizität der Werbung und Werbevertreter überprüfen können.

Doch welche Maßnahmen zur Kundengewinnung durch Werbung bietet Facebook maßgeblich? Klassische Maßnahmen sind unter anderem sogenannte sponsored posts also bezahlte Beiträge, welche bestimmten Nutzern aus vorher festgelegten Zielgruppen. Das am häufigsten verwendete Modell besteht darin, eine Facebook-Anzeige direkt in eine Konversion-Zielseite zu leiten, die eine Auswahl an kostenlosen Lead-Magneten oder Bundle-Produkten bietet. Dazu zählen beispielsweise E-Books, Coupons für Waren, Rabatte oder Giveaways. So besteht oftmals mittels Offlink direkt zur Website des Herstellers zu gelangen, jedoch auch auf die Facebookseite weitergleitet zu werden.

Abbildung 6 - Beispiel für einen bezahlten Beitrag auf Facebook (Daddydahoam, 2016)

4.2 Instagram als Marketingplattform

Die von Facebook aufgekaufte und 2012 gegründete Foto- und Video-App Instagram dient für 15 Mio. deutsche Nutzer als Media-Sharing-Plattform. Hier kann jeder über einen registrierten Account, also Privatpersonen wie Unternehmen, Bilder und Videos hochladen, kommentieren, teilen oder „likes" verteilen. Die Registrierung erfolgt am einfachsten über einen Social-Log-in mittels Facebook Account und der Verknüpfung zu diesem, kann jedoch auch via. E-Mail erfolgen.

Für Unternehmen liegt bei Instagram der Fokus in der Erreichbarkeit von Marketing- und Kommunikationszielen, ähnlich wie auf Facebook oder YouTube, im Teilen von Inhalten zur Vermarktung von Produkten oder der Kommunikation mit Interessenten und Käufern. Instagram setzt hierbei mehr auf das Visual-Storytelling mittels Kommunikationskampagnen oder durch den Einsatz von Influencern, also Personen mit oftmals großer Reichweite zur Vorstellung von Produkten. Genauer, und für diese Arbeit relevant, bedeutet dies:

„Relevante Instagram-Influencer für Unternehmen sind die Personen, die zum unternehmerischen Content-Claim spannende Inhalte aufweisen und gleichzeitig in der relevanten Zielgruppe über eine hohe Reichweite verfügen. Viele tausend Likes für ein Foto sind bei Instagram-Celebritys keine Seltenheit. Ein tolles Foto oder ein begeisterndes Video von oder mit den eigenen Produkten kann die Unternehmenswerbung sinnvoll flankieren."

(Kreutzer R., 2018).

Instagrams Bedeutsamkeit im Bereich Werbung über Story-Telling liegt an der Verknüpfung von klassischem Marketing, also der Definition einer Strategie oder Aussage, die Erstellung des Contents orientiert am jeweiligen Nutzer und Konsumenten, sowie das Empfehlungsmarketing über jenen Influencer, welche für die jeweilige Zielgruppe ausgewählt wird. Dies hat den Vorteil der Kundennähe, nämlich der Ansprache der „richtigen" Community für ein Produkt. Ergänzend zu dem Story-Telling können Nutzer, sowie Influencer und Unternehmen auch Stories schalten, welche aus kurzen, maximal 15 Sekunden Video-Clips oder Bildern bestehen und 24 Stunden über die Startseite angeschaut werden können. Dies fördert die Kunden- und Nutzerbindung durch die Teilhabe am Leben des jeweiligen Kanals weiter.

Die Art und Weise der Integration von Werbung soll im Kapitel über Native Advertising genauer dargestellt werden. Diese Markeninszenierung vermittelt simpel durch farbige Bilder, hochwertige Präsentation der Produkte oder Stories einen Lifestyle und kann mittels Zielgruppenanalyse den entsprechenden Interessenten und Nutzergruppen vorgeschlagen werden. Dies erfolgt maßgeblich über einen zentralen News-Feed, also die Startseite Instagrams.

Orientiert am Trendscouting lassen sich über Instagrams Influencer-Typen gewisse Parallelen ziehen. So sind Multiplikatoren oder Meinungsführer schlicht Verbreiter und Vertreter von „angesagten" Produkten, welche potentiell interessant für das Netzwerk bzw. die Community sein könnten. Diese Hypes breiten sich insbesondere bei großen Accounts mit mehreren Millionen Followern schnell aus und erreichen eine breite Masse an Nutzern.

Zur genauen Auswertung und Zuschnitt auf eine bestimmte Zielgruppe kann mittels Business-Account die Reichweite und Zielgruppe ausgelesen werden. Detaillierter erfolgt dies über Monitoring Plattformen. Entscheiden ist diese Analyse für Content-Strategien zur Anpassung der Inhalte an die Interessen der Nutzer. Für Unternehmen und einzelne Nutzer erhöht sich die Reichweite über Berechnungen des Algorithmus, der die Anzahl an Leuten, welche einem Account folgt, die Impressionen und die Interaktion mit einem Bild bewertet, aber auch die Verlinkungen mittels Hashtags, welche Instagram auszeichnen und über welche Inhalte gefunden werden. (Kreutzer R., 2018)

4.3 YouTube und Videomarketing

YouTube zeichnet sich als soziale Video-Sharing-Plattform vor allem durch die Möglichkeit der Multimedialität aus und macht mit 81% Marktanteil in Deutschland die am häufigsten besuchte Plattform in diesem Segment aus. (Seehaus, 2016). Diese vereint sowohl Video, Audio, Bild und Text und erreicht die Empfänger, was auch für den Aspekt Werbung relevant ist, auf verschiedene Sinnesebenen. Diese lebendigere Form der Kommunikation ermöglicht es Inhalte prägnanter und bündiger zu präsentieren und so den Kunden gezielter und effizienter zu erreichen. Verglichen mit dem klassischen Fernsehen können Produkte gezielt durch das Unternehmen selbst vorgestellt und erklärt werden und so den Mehrwert des Produkts erkennen. Dabei besteht die Zielgruppe im Wesentlichen aus Nutzern im Alter von 14-29 Jahren.

Ferner bietet YouTube aber auch die Möglichkeit auf eine dezentere Art und Weise Produkte vorzustellen. So kann dies über das bereits angesprochene Konzept von „Will it blend?" als Unterhaltungskanal präsentiert, aber auch subtil in Videos größerer Nutzer integriert werden. Dadurch wird maßgeblich die „Authentizität, Kreativität und Interaktivität" (Seehaus, 2016) des Produkts gesteigert. Hierbei ist es aber entscheidend, dass neben kreativen Ideen auch die Qualität des Videos auf hohem Niveau ist, um professionell seine Kunden erreichen zu können. Dies zeigte auch in der Praxis auf dem deutschen Markt die Supermarktkette EDEKA, die diverse Werbespots auf YouTube schaltete. Im Jahr 2014 erreichte das Musikvideo „Supergeil" mit dem Darsteller Friedrich Lichtenstein innerhalb der ersten fünf Tage über 1,4 Mio. Aufrufe. (Spolders, 2014). Im April 2018 wurde das Video über 19 Millionen Mal aufgerufen. Im Jahr 2015 erreichte EDEKA erneut mit einem neuen Spot unter der Thematik #heimkommen einen großen Erfolg, denn wurde das Video mittlerweile über 59 Millionen Mal weltweit angeklickt und stellt die Funktionalität und das Potenzial der Werbemöglichkeit über YouTube dar. Zudem kam es auf diversen Kanälen zur Sprache, indem andere Kanäle Reaktionsvideos oder Parodien veröffentlichten. So konnte das Video weitaus größere Reichweite über neuen, *user-generated-content* generieren. YouTube dient in dieser Darstellung beispielhaft der Repräsentation der Möglichkeiten des *Web 2.0*. (Seehaus, 2016).

Ähnlich wie Facebook oder Instagram bietet YouTube grundlegende Social-Media Funktionen wie *Like* oder *Dislike*, Kommentar und die Funktion, das Video zu teilen. Durch die Sharing Möglichkeit können Videos und Kanäle Millionen Nutzer erreichen. Mit der Angabe bestimmter Suchbegriffe und *Keywords* kann das Video durch die eingebundene Suchmaschinenoptimierung auch über klassische Suchdienste gefunden werden.

Zusätzlich greift YouTube auf eine Reihe von Möglichkeiten zur separaten Schaltung von Werbung zurück, bspw. können in das Video selbst Links integriert werden, um direkt zu einem Produkt zu gelangen. Dies geschieht vor allem bei vorab geschalteter Werbung, die oftmals vom Nutzer zwingend angeschaut werden muss, bevor dieser zu dem eigentlich gesuchten Video gelangt. Diese Werbung wird oftmals durch zuvor generierte Parameter über den Nutzer wie Alter, Herkunft oder Geschlecht auf den Nutzer zugeschnitten. Diese erwirbt YouTube über Pixel-Systeme durch Google, was in Kapitel 4.6. genauer dargestellt wird, ebenso Interessensausrichtungen durch zuvor festgelegte Keywords oder Themen. So ist dieser Zuschnitt der Werbung auf den Nutzer zielgerichteter als es TV-Werbespots ermöglichen könnten.

Weitere Möglichkeiten der Werbung sollen kurz gelistet dargestellt werden:

- True-View In-Stream: Hierbei bleibt es dem Nutzer überlassen, ob er den mindestens 30 Sekunden langen Werbeclip nach fünf Sekunden überspringt oder bis zum Ende schaut. Dies hat zur Folge, dass auch nur dann Kosten für die Anzeigenschalter entstehen, wenn der Clip in Gänze geschaut wird.

- Video-Discovery: Werden Anzeigen an diversen Stellen der Suchergebnisse mittels Vorschau dargestellt und vom Nutzer angeschaut, entstehen Kosten für die Anzeige. Dabei bleibt es dem Nutzer selbst überlassen, ob er sich von der Vorschau zum Click animieren lässt.

- In-Search: Hierbei bleibt es dem Nutzer nur überlassen, ob er nach der Suche auf der Ergebnisseite mit einem vorgeschlagenen Link oder Video interagiert. Ferner gibt es in diesem Bereich die Möglichkeit bestimmte Werbespots nach Ermittlung des Suchergebnisses im angeklickten Video zu streamen. Diese können am Anfang oder in der Mitte platziert und nicht weggeklickt werden. Diese Bumper-Anzeigen, welche nicht länger als zehn Sekunden sind, refinanzieren oftmals private oder kommerzielle Kanäle und werden durch vorherige Zielgruppenermittlung platziert.

4.4 Zielgruppenermittlung im Bereich Social-Media

Für den erfolgreichen Einsatz von Werbung auf Social-Media-Plattformen und ebenso für diese Arbeit im weiteren Verlauf relevant, ist das grundlegende Verständnis für die Ermittlung der Zielgruppen und Analyse des Nutzerverhaltens. Dies ist der wesentliche Bestandteil bei der Planung einer Werbekampagne. Je präziser die Ermittlung der Gruppe, auf welche die Werbung über soziale Medien geschaltet werden soll, ist, desto besser kann eine Ausrichtung der Werbung Erfolgen. Dabei trägt der Nutzer oft selbst durch seine Interaktionen im Netz und den hinterlassenen Spuren dazu bei, welche Werbung für diesen platziert wird.

In Fachjargon wird hier vom *Targeting* gesprochen. Hierbei geht es im Wesentlichen um die Reduktion der Verluste durch Streuung im Bereich Zielgruppe um das Ziel einer konkreten Platzierung der Werbung für eine bestimmte Klientel und so die Wererelevanz zu erreichen.

An dieser Stekke spielt auch im Bereich des Social-Media-Marketings die klassische Marktforschung eine Rolle. Das Auswerten von (Online-)Studien kann eine Möglichkeit repräsentieren um zuvor eine grobe Strategie zu entwerfen. Dies geschieht auch durch direkte Auswertung von bspw. Facebook Nutzerverhaltensrückmeldung auf die eigene Plattform, also wie ein Beitrag für Feedback sorgte, indem dieser geteilt, kommentiert und auf sonstige Art und Weise geteilt und gesehen wurde.

Allgemein ermöglichen Social-Media-Plattformen auch die Erfassung der Zielgruppe nach den klassischen Kriterien. Vorab erfolgt eine grobe Gliederung in folgende Segmentierungskriterien:

- Geographisch: Herkunftsland, Stadt oder allgemeine Umgebung
- Demographisch: Alter, Familienstand, Geschlecht, Nationalität
- Sozioökonomie: Bildungsgrad, Status, Beruf, Ausbildung etc.
- Psychographisch: Charakter, Werte und Normen, Lebensstil und Gesinnung
- Verhaltensbezogene Einstufung: Medien-, Kauf- und Preisverhalten, Markenpräferenzen (Crusomedia, 2017).

Dieses Targeting kann in diverse Subtypen untergliedert werden, jedoch werde ich mich hier auf die für die Arbeit relevantesten festlegen:

- Behavioral-Targeting/Predictive-Targeting: Diese klassischeren Formen der Zielgruppenidentifizierung beruht auf einem System zur Sammlung wesentlicher und relevanter Merkmale über die Nutzer und möglichen Kunden. Dabei kommen http-Cookies zum Einsatz, welche aufgerufene Seiten auswerten und in einem Algorithmus die Interessenfelder bestimmen bzw. die (Kauf-)Absichten in Muster einordnen. Diese gesammelten Daten werden mit einer IP-Adresse gekoppelt. (Altendrof, 2010).

- Social-Media-Targeting: Dieses System kombiniert die Möglichkeiten der beiden zuvor genannten Methoden und erweitert diese um Geo-Targeting und Sozi-Psychographisches-Targeting. Hierbei werden über Social-Media Plattformen relevante Informationen aus dem Account des Nutzers gesammelt. Dazu zählen auch Verlinkungen, Interessensfelder, Kommentare, geteilte Inhalte oder „Gefällt mir!" Angaben. Daraus können Gesinnung und Interessen hergeleitet werden. Unterschied zu den klassischen Formen, auch zum Trendscouting, Umfragen und Datenerhebungen oder erstellten Sinusmilieus, zum klassischen Targeting liegt hierbei an der Möglichkeit der realen Echtzeitdatenermittlung einer breiten Masse. Hierbei können auch mehr Details zu Zielgruppe zuvor festgelegt und erfasst, bzw. die Erhebung selbst effizienter und schneller optimiert werden. So weist Social-Media-Targeting eine ähnliche Beständigkeit der Daten auf wie Behaviourales-Targeting. (Altendrof, 2010). Dieses System wurde erstmals von Facebook eingesetzt und weiter zum Pixel-Targeting ausgebaut und in 4.6. genauer dargestellt.

4.5 Tracking Methoden im Bereich des Affiliate-Marketings

Der Begriff des *Affiliate-Marketings* umfasst die Grundlage der Online-Marketing-Welt im Sinne der Kombination diverser Methoden und Modelle als klassische Form des frei übersetzten *„Partner-Marketings"*, also die Verknüpfung verschiedener Online Shops und Websites zur Absatzsteigerung durch Erhöhung der Reichweite mittels Werbung oder Vermittlungsstrategien. Hierbei kommen ebenso diverse Tracking-Methoden zur Zielgruppenermittlung zum Einsatz. Dieses Verständnis ist für diese Arbeit deshalb von Bedeutung, um die Trendwende vom klassischen bspw. Trendscouting via Massenmedien hin zur weitreichenden (Echtzeit-

)Analyse im World-Wide-Web (hier spezifisch Social-Media-Raum) zu erkennen und verstehen. (Gabriel & Röhrs, 2017).

Häufig bekannte Methoden sind hier bspw. das URL-Tracking, wodurch bspw. der Link von einer Partnerwebsite, welche die Ermittlung zur eigentlichen Website durchführt, mit einer bestimmten Nutzer/Partner-ID versehen wird. So kann für den Betreiber der Werbung der Ursprung der Klicks nachvollzogen werden. Diese anonyme Form der Weiterleitung bietet den Vorteil der Durchsichtigkeit auch für den Nutzer, der sich bewusst für einen Klick auf das bspw. Banner entscheidet und kein Eingriff in Privatsphäre oder Browsereinstellungen erfolgt. Eine Datenübermittlung findet ebenfalls nicht statt.

Bei dem am häufigsten eingesetzten Mittel des Cookie Trackings hingegen, kommt es zu einer Veränderung der Browsereinstellungen. Auch wenn es seit 2018, veranlasst durch den europaweiten DSGVO-Erlass, zu einer vorherigen Zustimmung kommt (die Darstellung erfolgt in einem weiteren Kapitel), werden dennoch auf legalem Wege kleine Datenmengen auf PCs und mobilen Endgeräten über den Nutzer gespeichert und dienen zur Erkennung dessen. Daraus folg die Identifikation des Nutzers und Schaltung zielgerichteter Werbung aufgrund des Verhaltens auf Websites, Suchanfragen und persönlichem Interesse. Häufig erkennt der Nutzer die Speicherung der Cookies an spezifischer Werbung auf diversen Websites. So bedarf es keiner erneuten Anmeldung, wenn bspw. die Endgerät ID mit dem gesetzten Cookie beim Websitezugriff übereinstimmt. Vorhergegangene Suchen werden gespeichert und direkt bei einem erneuten Besuch angezeigt. Auch YouTube nutzt dies Methode um so Präferenzen zu erkennen und Vorschläge zu schalten. Die Nutzerfreundlichkeit wird somit erhöht, da durch häufige Präsenz auf jener Website die Präzisierung der Videovorschläge verbessert wird.

Die abgeschwächte Form des Cookie Trackings ist die *Session-Tracking* Methode, bei dem eine Session-ID nur so lange aktiv ist und einem Nutzer zugeordnet werden kann, wenn dieser den Browser nicht schließt oder die Website verlässt. (Dziuba, 2017).

4.6 Pixel Tracking als umstrittene Maßnahme zur Datenermittlung

Durch Facebooks eingesetztes Pixel-Tracking oder auch Zählpixel genannt, wird die Zielgruppenanalyse um ein Element erweitert, welches die Schaltung der Werbung oder Anzeigen effizienter machen und die Bedürfnisse der Kunden individuell identifizieren soll. Neben einfacher Auswertung der Daten über Zielgruppenstatistiken und Facebook interne Rückmeldung handelt es sich hierbei um einen auf einer Website implementierten Facebook-Code, der deutlich sichtbar als Bild oder nahezu unsichtbar als kleiner schwarzer Punkt (Pixel) integriert wird. Dieser kann via Cookie-Tracking das genaue Nutzerverhalten analysieren und an Facebook übermitteln. Hierzu zählt beispielsweise das Abonnieren von Newslettern, Suchverhalten, Interaktionen Artikel auf Wunschlisten platzieren oder simpel auch das Lesen von Emails. Dieser Prozess läuft für die meisten Nutzer völlig verdeckt ab. So kann einer bestimmten IP-Adresse ein Pixel zugeordnet und damit die Information weitergeitet werden.

Ferner wird durch dieses System ein Erstellen neuer Cookies und der Austausch über bestehende erfolgen. Dieser Prozess wird im Bereich der Suchmaschinenoptimierung auch *Retargeting* genannt. Wichtig ist hierbei, dass keine sensiblen Daten wie Angaben über die Person oder Passwörter gesammelt werden. Diese Maßnahme zielt lediglich auf die Analyse der Kaufabsichten, Interessen oder Verhalten ab und soll die Effizienz bzw. die Personalisierung der Werbung steigern und verbessern.

Dennoch gerät gerade die Möglichkeit der IP-Adressenzuordnung, insbesondere durch die neue DSGVO (Datenschutzgesetzverordnung), in die Kritik. Denn ist eine IP-Adresse einem bestimmten Profil bei Facebook oder auch einer Adresse zugeordnet und somit nicht mehr anonym. Hier können also die gesammelten Daten letztendlich einer Person zugeordnet und ggf. auch verkauft werden. Ferner ermittelt ein Pixel den exakten Verlauf von der Suche bis bspw. dem Kauf eines Produkts und erstellt darüber hinaus ein exaktes Bewegungsprofil des Nutzers online. Hierbei ist noch unklar, ob es hierbei zu einem Verkauf der generierten Daten kommen kann und inwieweit so der Nutzer außerhalb des Rechts umgangen wird. (Siebert, 2018).

Derzeit wird dieses System maßgeblich von Facebook und Google Analytics verwendet und dient kleinen wie großen Unternehmen in der Auswertung und dem personalisierten Zuschnitt der Werbeangebote. Dies geschieht auch im Bereich der Suchmaschinenwerbung via Suchmaschinenoptimierung. Erkennbar ist dies für den Nutzer oftmals durch die Suche nach einem bestimmten Artikel, welcher anschließend nicht nur auf Facebook, sondern diversen Websites als Werbung geschaltet wird. Beschäftigt sich ein Nutzer also mit einem bestimmten Keyword, bekundet er somit Interesse an einem Angebot. (Fechner, 2018).

In welchem großen Zusammenhang diese Bedenken stehen, soll im folgenden Kapitel genauer dargestellt und erläutert werden nämlich im Bereich datenschutzrechtlicher Vertretbarkeit und Kritik an jenen Maßnahmen.

5 Bewertung des Bereichs Social Media Marketing

Im nachfolgenden Teil der Arbeit soll eine eigene Bewertung der bisher dargestellten Bereiche im Kontext der Werbeentwicklung im Bereich Social-Media erfolgen. Dabei liegt der Fokus ebenso auf aktuelle Zusammenhänge der aktualisierten Datenschutzauflagen und Auswirkungen der Werbung auf die Nutzer und Konsumenten.

5.1 Datenmine Mensch

Vorab soll in diesem Abschnitt eine Begriffsdefinition und Stellungnahme zu den Begriffen *„Data Mining"*, sowie *„Big Data"* erfolgen. Im Kontext des Trackings auch auf sozialen Medien, wurden diese beiden genannten Begrifflichkeiten oftmals inflationär verwendet und im negativen Kontext das Feld medial erschlossen. Dabei handelt es sich beim *„Data Mining"* um den eigentlichen Prozesses zur Datenanalyse und Auswertung. Hierbei sollen mittels statistischer und analytischer Verfahren, auch mit dem Einsatz künstlicher Intelligenzen, Algorithmen bzw. Trends und Muster aus Datenbeständen erkannt werden. So wird dies in der Fachliteratur auch als *„Knowledge discovery in Databases"* tituliert und meint eine Klassifizierung, Prognostizierung und Segmentierung gesammelter und ausgewerteter (Nutzer-)Daten. Die digitale Erkenntnisgewinnung gleicht der analogen Trendforschung mittels Umfragen und Recherche. Dabei werden diese anonymisierten Daten nicht nur auf sozialen Plattformen für Werbung, sondern auch von Versicherungen, dem Online-Handel oder der Justiz genutzt. Doch was ist die grundlegende Motivation von Data-Mining im Kontext sozialer Medien? Data Mining Technologie kann dabei helfen große Mengen an Information durch Daten zu komprimieren. Im Bereich sozialer Medien spricht man hier vom *„Social Media Mining"*, also gleichermaßen die Gewinnung der Daten aus Social-Media-Plattformen. (Litzel, 2016). Diese Form des Community-Minings dient der Suche und dem Finden von verbundenen (Sub-)Kulturen oder Gruppierungen und dem Erstellen von Clustern zur Einordnung der gewonnen Erkenntnisse. Dabei können automatisierte Systeme die Relevanz der Daten ermitteln und ebenso die statistische Erwartung als Trendprognose liefern. Durch bspw. Bewertungen von Produkten, Kommentare und Interaktionen von Beiträgen auf Facebook allgemein wird ebenso die Gesinnung von Gruppen zu einer Sache erkannt. Dabei spricht man von interaktiven Daten. (Barbier & Liu, 2016).

> „Hier kann etwa Sentiment Mining zur Auffindung positiver oder negativer Produktbewertungen genutzt werden, um das Produkt- und Reputationsmanagement durchzuführen. Community Mining kann zur Entdeckung impliziter Communities (z. B. ähnliche Personen mit ähnlichen Interessen) genutzt werden. Diese können dann zur Empfehlung interessanter Kontakte oder zur Produktwerbung eingesetzt werden, um Produkte vorzuschlagen, die Personen mit ähnlichen Interessen gekauft haben, oder solche, die von Freunden gut bewertet wurden. Anbieter können dazu eine Verknüpfung mit Social-Media- Diensten, z. B. Facebook, nutzen. Weiterhin bieten sich Communities und soziale Netzwerkanalyse zur Positionierung von Werbeanzeigen an, die auf potenzielle Kunden zugeschnitten sind."
>
> (Atzmüller, 2012).

Folge dessen ist, dass bspw. Facebook dem Nutzer oder auch einer spezifischen Gruppe bestimmte Artikel oder Posts empfohlen werden, welche sich mit den ermittelten Interessen decken.

Hier liegt auch die Motivation des Data-Minings im Bereich sozialer Medien. Da ohnehin die Daten über Nutzer wie Geschlecht, Herkunft, Beruf usw. gesammelt werden, können diese Einblicke in die Nutzerstrukturen geben.

> „Social media effectively records viral marketing trends and is the ideal source to study to better understand and leverage in Àuence mechanisms. However, it is extremely difficult to gain useful information from social media data without applying data mining technologies due to unique challenges. "
>
> (Liu, 2011).

Hierbei erfassen jene Data-Mining-Technologien effektiv auch auf großer Ebene wie bspw. Facebook mit 400+ Millionen Nutzern die ermittelten Daten. Ein Vorteil liegt jedoch nicht nur im Bereich der Nutzbarkeit, sondern maßgeblich an der Anpassung an die Dynamik, also jenem schnellen Wandel und Input auf div. Plattformen. Denn erlauben soziale Medien maßgeblich die Produktion freier Informationen und Austausch von Daten untereinander.

So fasst Liu zusammen, dass jene Methodik im Bereich sozialer Medien diverse Vorteile schaffen kann. Nicht nur, dass dadurch Suchmaschinen auch auf Nutzer selbst optimiert werden (können), sondern auch im Bereich der Wirtschaft und Psychologie Zielgruppen genauer ausgewertet und angesprochen werden können bzw. das Verhalten zielgerichteter vorhergesagt werden.

„Additionally, the open access to data provides researches with unprecedented amounts of information to improve performance and optimize data mining techniques. The advancement of the data mining field itself relies on large data sets and social media is an ideal data source in the frontier of data mining for developing and testing new data mining techniques for academic and corporate data mining researchers. "

(Liu, 2011)

Der Begriff „Big Data" kann als Überbegriff gesehen werden und beschreibt vielmehr die großen Datenmengen im Internet, bzw. das rasante Wachstum der Datenmasse im Netz, sowie die dazugehörigen IT-Lösungen, um diese Datenflut zu bewältigen. (Litzel, 2016). Hinsichtlich der gesammelten Datenmenge, auch über (Nutzer-)Gruppen nehmen die Möglichkeiten zur tieferen Analyse über das Verhalten weiter zu und erhöht die Chance der Personalisierung der Empfehlungen auf jenen Plattformen. Auch die Nutzung im Bereich der mobilen Umgebung mittels Smartphone, welche das Data-Mining um bestimmte Sensorik wie bspw. GPS erweitert, liefert hier Chancen, aber auch Risiken im Spannungsfeld der technischen Möglichkeiten und Nutzerinteressen im Themenfeld der Privatsphäre.

„Mit hinreichenden Maßnahmen zum Datenschutz ermöglicht Mining Social Media damit letztendlich die Entdeckung neuen Wissens und ein besseres Verständnis von Kommunikation, Interaktionen und kollektiven Prozessen, um Umfeld und Handlungen der Anwender zu begleiten und sie im Alltag bei der Umsetzung ihrer Ziele zu unterstützen."

(Atzmüller, 2012).

5.2 Datenschutzauflagen im Kontext der EU Datenschutz-Grundverordnung

Mit dem seit den 00er Jahren anerkannten Grundrecht auf Informationelle Selbstbestimmung hat jeder Bundesbürger das Recht über seine persönlichen Daten wie Name, Geburtstag, Adresse oder Handynummer selbst zu bestimmen. Dies bedeutet, dass keine Daten ohne das Wissen oder die Einwilligung des Nutzers weitergegeben oder verkauft werden dürfen. Ebenso betrifft dies die Speicherung oder interne Verarbeitung, welche explizit durch die Zustimmung des Nutzers bzw. der Person erfolgen muss. (Fischer, 2017)

Am 25. Mai 2018 trat mittels Beschluss die neue Datenschutz-Grundverordnung europaweit in Kraft. Diese stellt eine Reaktion auf die Stimmen gegen den

Datenmissbrauch und auch Facebook-Datenskandal dar, bei welchem zuvor personenbezogene Daten ohne Einwilligung der Nutzer von Facebook an externe und umstrittene Firmen weitergeleitet wurden. Diese Verordnung steht über dem nationalen Recht und soll Verbraucherrechte im EU-Raum stärken und unter anderem Unternehmen im Umgang mit Daten einen rechtlichen Rahmen stecken. Vorbild war hierbei das Bundesdatenschutzgesetz der Bundesrepublik.

Prinzipiell ist eine Vereinbarkeit von Datenschutz und Social Media komplex, denn liegen ein Großteil der Daten auf sozialen Netzwerken offen und sind für jeden einsehbar. Mit der Verordnung soll jedoch eine Limitierung der Nutzung diese öffentlichen Daten erfolgen. Nach §29 BDSG dürfen personenbezogene Daten dann von Unternehmen genutzt werden, falls „die Daten aus allgemein zugänglichen Quellen entnommen werden können oder die verantwortliche Stelle sie veröffentlichen dürfte, es sei denn, dass das schutzwürdige Interesse des Betroffenen an dem Ausschluss der Erhebung, Speicherung oder Veränderung offensichtlich überwiegt." (Datenschutz.org, 2018).

Das bedeutet für die Unternehmen und Nutzer, dass berechtigte Interessen vorliegen müssen und die Erhebung der Daten und explizit aus welchen Bereichen vorher ausdrücklich abgewogen werden müssen. Auch wenn öffentlich zugängliche Daten einbezogen werden dürfen, muss dies vorher begründet werden. Bei detaillierter Erhebung mittels Cookies bedarf es einer Einwilligung durch die Nutzer. Diese Opt-In Einwilligung bedeutet bei einer zweifelhaften Begründung des Sinns der Nutzung, dass eine explizite und freiwillige Einwilligung des Nutzers mit vorheriger Information über die Reichweite und Bereiche der Ermittlung erfolgen muss. Daraus folgt eine neu gewonnene Transparenz für die Verbraucher, dass zuvor eine konkrete Listung erfolgt und ebenso einzelne Elemente abgewählt werden können, wie bspw. das Erstellen von Cookies, Tracking der Bewegung auf einer Website oder Auswertung der Daten. Durch datensparsame Nutzung sollen nur die nötigsten Daten einbezogen werden und untersagt den Unternehmen ein allumfassendes Profiling. Kommt es zur Erhebung von Daten müssen diese anonymisiert oder einem Pseudonym zugeordnet werden. Dazu zählt auch die Kürzung der IP-Adresse.

Weiterhin darf ein Monitoring erfolgen, um Nutzerverhalten allgemein auszuwerten. Dazu zählen bspw. die Tools wie Google Analytics oder Facebook Statistics. Erfolgt jedoch eine Ablehnung dieser Datenermittlung durch den Nutzer ist auch dies für die Unternehmen untersagt. Dazu zählt auch das Pixel-Targeting von Facebook.

Jedoch bleibt hier die Frage, wie durchsichtig die Maßnahmen oder AGB für die Verbraucher ist. (Ruff M., 2018).

Ergänzt wird diese Maßnahme mittels ePrivacy. Diese hat das Ziel, dass die Hoheit der Daten bei den Nutzern liegt und eben nur durch Zustimmung nach ausreichender Aufklärung und Information Datensahring zur Auswertung betrieben werden darf. Der Schutz jener generierten Daten liegt nun bei den Unternehmen und ein Handel mit diesen Daten ist explizit verboten. So soll *Backdoor-Sharing* unterbunden und das Erstellen von Bewegungsprofilen verhindert werden. (Ruff M., 2018).

Eine weitere Neuerung ist auch die Kennzeichnungspflicht von Werbung auf sowohl Websites als auch Social-Media-Plattformen. Dazu zählen sponsored Posts, sowie Beiträge von Influencern.

> „Werbung muss als solche leicht erkennbar und vom übrigen Inhalt der Angebote angemessen durch optische und akustische Mittel oder räumlich abgesetzt sein"
>
> (Rundfunkstaatsvertrag, 2018).

5.3 Beeinflussung des Kauferhaltens durch Online-Werbung

In den letzten 20 Jahren änderte der Fortschritt der Technologie auch die Nutzung des World-Wide-Web, insbesondere durch den Ausbau des mobilen Datennetzes und den stetigen Zuwachs der Nutzer in großen Social-Media-Plattformen. Durch die intensivere Möglichkeit der Kommunikation im Bereich Social Media und auch Marketing in dieser Disziplin erlaubt es den Verkäufern und Unternehmen gezieltere Werbung zu schalten. Hierbei spielt auch der Weg des Verkaufsprozesses im 5-Phasen-Modell eine Rolle, also von den Mechanismen der Wirkung der Verkäufer, über die Bedürfnisse der Kunden bzw. potentiellen Käufer, hin zu Informationsgewinnung und dem Kauf selbst.

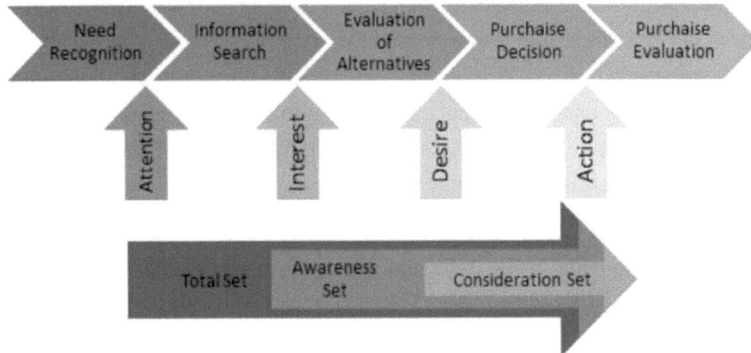

Abbildung 7 - Wirkmodelle des Kaufprozesses
(Rossmann & Sonntag, 2013).

Bei dieser Darstellung des Kaufprozesses in Abb. 7 wirken diverse Einflussfaktoren, welche das Kaufverhalten beeinflussen und durch physische- oder Umweltfaktoren aufgeteilt werden. Insbesondere an dieser Stelle spielen soziale Medien die Rolle der Informationssuche, Evaluation und Möglichkeit der Werbeschaltung. (Gosse, Handte, & Wrobel, 2016).

Durch die Möglichkeit der Schaltung von Werbung auf diesen geschieht, neben den klassischen Medien, eine Beeinflussung der Nutzer. Wie weit diese reicht untersuchte eine Studie von Acquire und SurveyMonkey Audience. So nutzen bspw. ca. 1,5 Milliarden Nutzer Facebook täglich aktiv. Diese Zahlen in Verbindung mit der Möglichkeit der Werbung alleine auf Facebook hat einen signifikanten Einfluss auf das Informations- und Nutzerverhalten. (Schengber, 2011).

Dabei stellt die Studie zum Anfang fest, dass es einen altersabhängen Trend der Nutzung der Informationen gibt. Die Nutzung liegt hier weniger bei den unter 30-jährigen, sondern mehr im Bereich 30+ bis 50 Jahren. Ältere greifen auf klassischen E-Mail-Verkehr zurück.

Mit der Studie des „Social-Media-Atlas" aus dem Jahr 2016, durchgeführt durch den Marktforscher Touna und Faktendoktor, welche sich maßgeblich mit der Beeinflussung durch Werbung auf das Kaufverhalten und Entscheidungen beschäftigte, wurde eine Studie explizit zu den Gründen durchgeführt bzw. inwieweit Kunden durch Werbung auf sozialen Plattformen beeinflusst wurden. Diese stellte fest, dass seit 2012 die Beeinflussung stark gestiegen ist, nämlich wurden 2014 insgesamt 32% der Nutzer zu Kaufentscheidungen für Dienstleistung oder Waren aufgrund von privaten Kontakten auf div. Social-Media Plattformen beeinflusst. (Heintze,

Faktendoktor, 2016). Insgesamt 24% entscheiden sich im Jahr 2018 zum Kauf aufgrund der Beeinflussung durch Empfehlungen von YouTube oder Facebook-Kanälen, explizit also durch Blogger bzw. Influencer. Diese spielen eine zunehmend wichtigere Rolle und werden nach Vermutungen von Heintze weiter an Bedeutung gewinnen. Damit liegen Soziale Meiden auf gleicher Höhe mit klassischer Werbung per Fernseher, Radio oder Print.

> „Das Schalten von Anzeigen bei Facebook und die Kommunikation über eigene Seiten dort ist für Unternehmen damit sogar (etwas) erfolgreicher als klassische TV-Reklame, die bisher 23 Prozent der Onliner in Deutschland zu einem Einkauf bewegt hat."

(Heintze, 2018).

Dabei wird festgestellt, dass neben Facebook, auch YouTube mit 20% auf Augenhöhe mit Print und Radio, die durch Anzeigen circa 22% erreichen. Auch Instagram mit 12% Entscheidungsbewegung konkurriert mit Radio-Anzeigen (14%).

> „Aber damit dies wirklich gelingt, reicht es nicht, einfach irgendwie irgendwo irgendwas im Social Web zu machen. Entscheidend ist, dass man im Vorwege die Kanäle identifiziert, in denen sich die eigene Zielgruppe bewegt und in Bezug auf das Produkt relevante Themen diskutiert. Dort müssen die Nutzer dann entsprechend ihrer Interessen angesprochen und informiert werden."

(Heintze, 2018).

Dabei setzen Werbestrategen maßgeblich auf Mobile Werbung oder Online-Videos in sozialen Netzwerken wie YouTube, Facebook oder auch Instagram. Diese Segmente stellen jene mit dem höchsten Wachstum dar, nämlich im Jahr 2016 um 51 % mit der Prognose eines steigen im Wachstum bis 2019.

> „Insbesondere Bewegtbildangebote – und damit allen voran Facebook und YouTube – werden ihre Position weiter ausbauen", konstatiert Dirk Lux, CEO von Zenith. "Social Media wird in Unternehmen künftig auch bei Business-Zielen wie Abverkauf und Adressgenerierung in die Pflicht genommen."

(Socaciu, 2017).

Deshalb setzen diverse Firmen und PR-Agenturen zunehmen auf eine tiefgreifende Zielgruppenanalyse, weswegen auch hier das Thema „Big-Data" zur breiten Trenderfassung erneut Thema der Ermittlung wird. An dieser Stelle spielt auch der wachsende Konkurrenzdruck durch Trends im Bereich Social-Media-Anwendungen und Plattformen, aber auch der Werbemarkt an sich entscheidende Rollen. Daraus entstand maßgeblich das *Native Advertising*, welches im folgenden Kapitel detailliert erläutert werden soll.

Ferner setzten Werbeagenturen auf den bereits großen Vorteil sozialer Plattformen: „die Effizienzsteigerung von Werbung über Personalisierung und die Verstärkung der Interaktivität von Werbung über Feedback-Optionen." (Socaciu, 2017).

Eine weitere Studie liefert weitere Ergebnisse im Bereich des Influencer-Marketings. Die „How Social Media Influences Purchase Decisions – Statistics And Trends" stellt die Kernaussage auf, dass circa 78 Prozent aller Konsumenten sich durch Social-Media-Beiträge beeinflussen, insgesamt 71 Prozent sich durch Empfehlungen zum Kauf bewegen lassen würden bzw. circa 40 Prozent bereits nach Empfehlungen auf Facebook, Twitter oder YouTube Produkte erworben haben. (Saleh, 2017). Die Statistik liefert ferner die Erkenntnis, dass 41% der Käufer einen Artikel impulsiv kauften, nachdem sie ihn in sozialen Medien gesehen haben, 88% der Menschen haben bewusst nach dem gekauften Artikel gesucht oder ihn als Favorit markiert.

Ferner folgt hier eine Darstellung der zum einen einflussreichsten Plattformen laut Saleh und die Darstellung der Gründe bzw. Reichweite der Beeinflussung der Kaufentscheidungen.

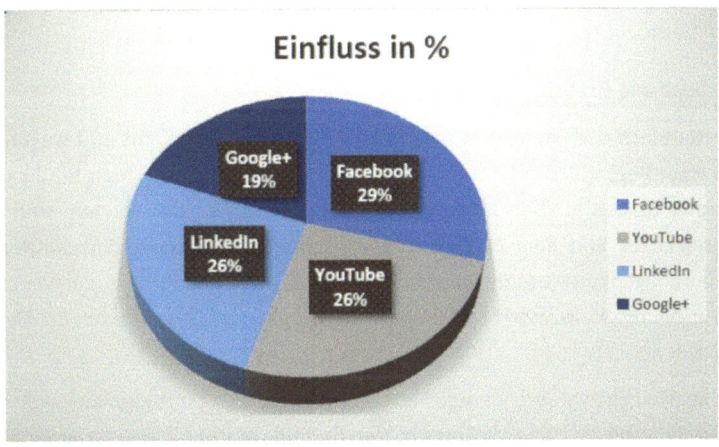

Abbildung 8 - Social-Media-Websites, die am wahrscheinlichsten Käufe beeinflussen (Saleh, 2017)

Hier zeigt sich vor allem die noch haltende Dominanz Facebooks trotz der zunehmenden „Vergreisung", wie zuvor angesprochen. Dies liegt unter anderem auch, wie in der nächsten Abbildung dargestellt, an der Vielfalt Facebooks zum Austausch oder Gewinnung von Informationen über Produkte. Insbesondere Facebook bietet hier das Spektrum erfolgreicher Social-Media-Werbung bestehend aus Zielgruppenermittlung, Kundenkontakt, Kundenbindung und Werbung. Darüber hinaus kann sich in Gruppen organisiert und mittels Bild, Text und Video ausgetauscht werden. Gerade für Unternehmen bietet diese Plattform ein breites Spektrum an Möglichkeiten.

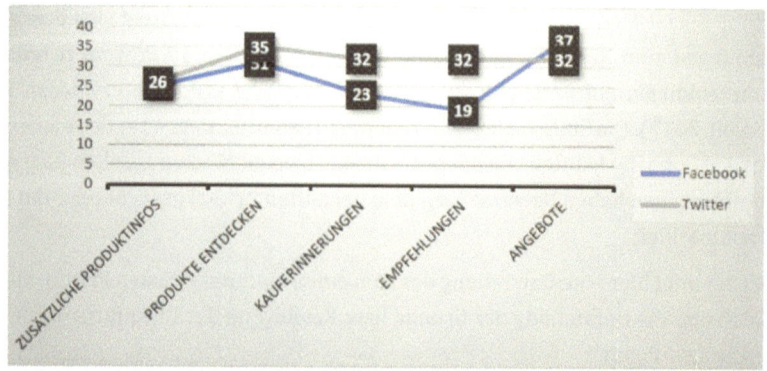

Abbildung 9 - Wie Social Media Kaufentscheidungen beeinflusst.
(Saleh, 2017)

5.3.1 Uses and Gratifications-Ansatz

Hier stellt sich die Frage, was soziale Medien besonders macht und warum diese die Nutzer beeinflussen können und welche Motive und Absichten hinter der Zuwendung zu den Medien stehen. Dabei soll der Ansatz des Nutzen- und Belohnungsansatzes von dem amerikanischen Kommunikationswissenschaftler Elihu Katz herangezogen werden. Jener beschäftigt sich mit den Fragen *„Was machen die Medien mit den Menschen?"* und maßgeblich umgekehrt *„Was machen die Menschen mit den Medien?"*.

Die Theorie geht von einem mehr oder minder aktiven Publikum aus, welches die Mediennutzung als Handlung im sozialen Umfeld versteht. Jene Interaktionen sind aktiv und zielgerichtet, erfolgen also nicht willkürlich, sondern zielgerichtet. Medien stehen als Medium für die Befriedigung der sozialen Bedürfnisse, aber auch zur Unterhaltung oder Aneignung von Informationen und Identifikation.

Dabei erfolgt zunächst die selektive Zuwendung, also der Auswahl des Mediums oder Plattform, welche den Standpunkt des Nutzers am ehesten vertreten kann und sich mit dieser identifiziert. Nur so kann laut Katz auch eine Medienwirkung effizient eintreten. Mittels selektiver Wahrnehmung fokussiert sich der Nutzer auf die Bereiche, welche für jenen von Bedeutung sind und zu seinem Weltbild oder Werten passen. Abschließend werden erlebte Momente mit den Medien mittels selektivem Behalten archiviert. (Katz, 2018).

Auch wenn hier lediglich der Fokus auf der Selbsteinschätzung des Rezipienten und der Fokus auf diesem liegt, zeigt jener Ansatz bereits die Grundidee der bereits zum Anfang dargestellten Notwendigkeit der Kommunikation mittels Medien. Hierbei soll ein Bezug der Bandbreite an Massenmedien, sowie die Möglichkeiten der Kommunikation in sozialen Netzwerken dargestellt werden Nutzer sind nicht nur auf den reinen Konsum angewiesen, sondern können mittels Interaktionen aktiv am Geschehen und der Medienwelt teilnehmen. Daraus ergibt sich erneut die Fähigkeit des Web 2.0 als selbsterschaffender Mechanismus und löst das klassische Sender-Empfänger-Modell der Massenmedien größtenteils ab.

5.4 Native Advertising als neue Werbemethode im Bereich sozialer Medien

Der Begriff des *Native Advertsisings* findet sich nicht nur auf kommerziellen Websites, sondern insbesondere im Bereich des *Influencer Marketings* wie Instagram wieder. Frei übersetzt bedeutet dieser Begriff das „Werben im bekannten Umfeld" bzw. „kontextsensitive Werbung", also wie bereits angesprochen Werbebeiträge für die eigene „Gefolgschaft" zu schalten, welche ein gewisses Maß an Interesse und Vertrauen diversen Seiten oder Personen im Social-Media Bereich entgegenbringen. Wesentliches Merkmal solcher Beiträge ist die Aufbereitung an den Inhalt der Website oder des Blogs und somit schwere Differenzierbarkeit von den regulären Beiträgen um so weiterhin die Aufmerksamkeit der Nutzer zu erreichen. (Ryte, 2018). Grund für dieses Auftreten der Werbeform des native Advertisings ist, dass Werbung oftmals als störend empfunden wurde und demnach rückläufige Nutzung von Plattformen oder verringerte Umsätze die Folge waren.

Dabei wird zunächst das potenzielle Publikum und des Interesses jener ausgewertet, um die Platzierung der Werbung festzulegen. Native Advertising bedeutet „freiwilligen" Konsum von Werbung ohne eine direkte Werbeanzeige zu schalten oder wie im TV auszustrahlen. Die Nutzer konsumieren bestenfalls unterschwellig durch gezieltes Wording und Stilanpassung. Diese Einbettung macht es oft nicht möglich Werbung als solche direkt zu identifizieren. Jedoch gibt es seit des Urteils des Landesgerichts Berlin vom 24.05.2018 die Pflicht, Werbung, insbesondere bezahlte Beiträge, als solche seit 14.06.2018 zu kennzeichnen. (Kempcke & Richard, 2018). Auf Instagram bspw. durch das Hinzufügen der Hashtags #ad und #Werbung, sowie die Möglichkeit durch Instagram selbst Beiträge als „sponsored Post zu markieren. (Weber, 2017). Problem hierbei ist, dass durch den Effekt der *Banner Blindness*, also das bewusste und oder unbewusste Nicht-Wahrnehmen von Werbeanzeigen oder Bannern, in Kombination mit der Aufbereitung der Beiträge, Werbung dennoch in Gänze nicht erkannt wird. Deshalb wird einerseits von einem Fortschritt in der Internetwerbung gesprochen, besonders im Bereich mobiler Nutzung, jedoch sprechen Kritiker hier von Schleichwerbung.

Die Rechtsprechung hingegen konstatiert, „dass von verbotener Schleichwerbung nur dann auszugehen ist, wenn der Influencer tatsächlich einen kommerziellen Zweck mit der Produktbesprechung bzw. -platzierung verfolgt, d.h. der Zweck der Produktplatzierung muss auf die Absatzförderung gerichtet sein." (Baier, 2017).

Hierfür sollen zwei Beispiele herangezogen werden, um die Thematik in der Praxis genauer darzustellen.

Beispiel 1: Werbung über die geschlossene Werbeplattform Instagram

Instagram stellt wie Facebook, YouTube oder Twitter eine geschlossene Plattform für sponsored posts oder native Advertising dar, da diese Werbung in einem bereits zielgerichteten Umfeld durch bestimmte Interessenten und Gruppen geschaltet wird.

Hierfür wird der deutsche Landschaftsfotograf Hannes Becker als Beispiel genutzt, welcher Stand Juli 2018 1.2 Millionen Abonnenten hat. Hierbei geht es um die Werbekampagne durch den Outdoor-Ausstatter „Jack Wolfskin" der mit seiner „Go Back Pack" Kampagne maßgeblich Interessenten aus den Bereichen Fotografie, Outdoor und Reise anspricht. Zu erkennen sind hierbei die Merkmale des Native Advertisings: Neben der Angabe einer bezahlten Partnerschaft die entsprechende Verlinkung der Seite, eins bestimmten Hashtags zu der Kampagne oder dem Unternehmen sowie eine dezente Produktplatzierung (hier: das Aushängeschild der Kampagne, nämlich eine Flagge mit dem Leitspruch dieser). Wie wirksam eine solche verdeckte Platzierung sein kann zeigt Bild ebenso, denn erreichte Becker mit diesem ebenso ca. 45.000 Likes, was nicht vom Durchschnitt seiner Fotos abweicht.

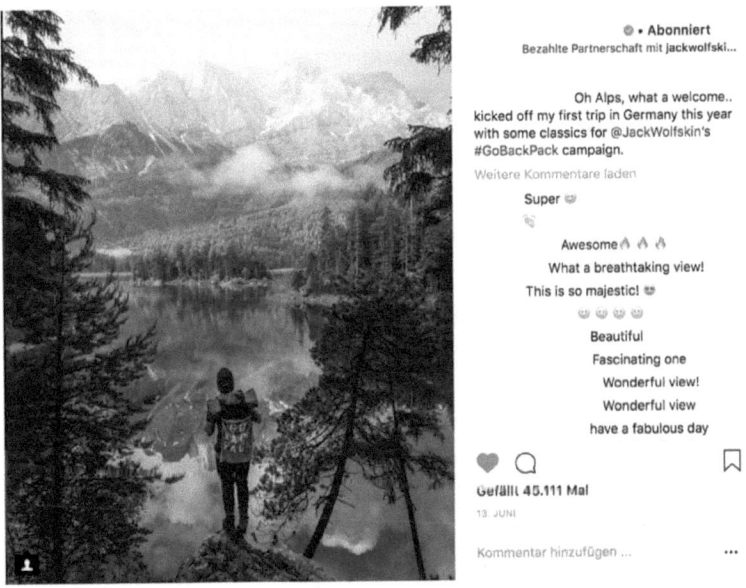

Abbildung 10 - Beispiel Native Advertising auf Instagram (Becker, 2018).

Beispiel 2: Werbung über offene Plattformen wie hier Bento.de

Die Website Bento als Ableger des SPIEGEL Online für eine maßgeblich jüngere Zielgruppe im Alter 18-25 stellt eine Möglichkeit der Schaltung von Werbebeiträgen auf Nachrichtenwebsites oder Onlinemagazinen dar. „Der Content stammt nicht von der Plattform selbst, sondern wird vom Merchant für die Mehrkanal-Veröffentlichung zur Verfügung gestellt." (Ryte, 2018).

Bento selbst veröffentlicht über eine Präsentation die Möglichkeit des Native Advertising für Unternehmen:

> „Kunden können sich als Absender redaktioneller Artikel inszenieren um so einen besonderen Zugang zu ihrer Zielgruppe zu erhalten. Die Artikel behandeln nicht das beworbene Produkt, sondern wecken über ein verwandtes Thema Interesse und schaffen einen Transfer zum Produkt."

(Spiegel-Media, 2018).

Dabei wird also ein Werbeartikel gezielt in eine Rubrik integriert, wie beispielsweise das folgende Beispiel im Bereich „Reisen". Hintergrund ist eine Kampagne der irischen Whisky-Marke Kilbeggan, welche einen Artikel über die Besonderheiten und Sehenswürdigkeiten Irlands veröffentlichen ließ. Dieser wurde Bento-typisch in Form eines Clickbaitaritkels verfasst, also mittels ködernder Aufmachung um mehr Klicks und Leser zu erreichen. Dabei wurde der Artikel selbst von dem Unternehmen verfasst und nur seitens der Redaktion geprüft und im Segment eingepflegt. Am Ende des Artikels platziert Bento noch zusätzlich Produktinformation und Link zu der entsprechenden Website.

Abbildung 11 - Werbung auf dem Online-Magazin Bento (Kilbeggan, 2016).

Entscheidend für die Thematik der Arbeit ist, dass Bento auch auf Twitter, Facebook und Instagram vertreten ist mit der direkten Verlinkung zur externen Website. Dieses *Social-Media-Integrated Arbeiten* sorgt für vermehrte Reichweite und ebenso gezielte Zielgruppenansteuerung. Durch das *Clickbaiting* erhöht Bento ohnehin die Lesewahrscheinlichkeit.

Da Native Advertising generell mehr Freiheiten in der kreativen Gestaltung der Geschichtserzählung besitzt und zunehmend klassisches Display Advertising auf Ablehnung stößt, ist ein Wandel in der Werbe-Art, insbesondere im Bereich sozialer Medien, erkennbar. Der Trend ist auch auf die zunehmende Nutzung mobilen Internets und Apps zurückzuführen.

Signifikantester Unterschied im Vergleich Werbeplatzierung auf sozialen Medien versus Platzierung auf Nachrichtenportalen liegt in der Art des jeweiligen Konsums. Während Inhalte auf sozialen Medien oftmals beiläufig konsumiert werden, findet eine intensivere Auseinandersetzung mit den Inhalten auf Nachrichtenportalen statt. Dies sorgt laut einer Umfrage durch Eye Square für eine bessere Werbeakzeptanz auf diesen. (Woelm, 2017).

> „Die Akzeptanz für Werbung auf Nachrichtenportalen fällt deutlich höher aus als die Bereitwilligkeit, Facebook-Werbung zu konsumieren. Während nur jeder dritte Facebook-User bereit ist, für einen kostenlosen Zugang Werbung zu akzeptieren, trifft dies bei Nachrichtenportalen auf die Hälfte der Nutzer zu."

(Woelm, 2017).

5.4.1 Kritik am Native Advertising

Hinsichtlich des versteckten Werbens sehen Kritiker maßgeblich die Problematik in der Irreführung der Nutzer und dem Verlust der Glaubwürdigkeit im Bereich der Printmedien (bspw. Bento als Ableger des Spiegel). (Müller, 2014). Durch die Kombination journalistischer Information und dem Einsatz von versteckter Werbung wird Native Advertising auch als „Schleichwerbung" tituliert. Weiterer Kritikpunkt ist die magere Kennzeichnung als Werbung selbst, bei dem jene Einbettung mehr ein Verstecken darstellt. Hinzu kommt die fehlende Aufklärung und Medienerfahrung der Nutzer. Dies zeigt folgende Untersuchung.

Die University of Georgia und Georgetown University untersuchten die Form der Beeinflussung dieser Medienform, sowie die Form der Präsentation und Merkmale. Ebenso wurde untersucht, inwieweit solche Beiträge die Aufmerksamkeit, Wahrnehmung und auch Einstellungen der Leser beeinflussen können. (Ertz, 2018).

Die Studie befasste sich mit vier Faktoren, welche die Erkennung der Werbung im Artikel beeinflussen. Dabei wurden 24 verschiedene Online-Nachriten verfasst mit jeweils variierendem Discosure-Hinweisen. Mittels unterschiedlicher Visualisierung des bspw. Werbelogos und der Platzierung des Hinweises auf Werbung mussten die Probanden eine der Versionen lesen und einen Fragebogen zu der erkannten bzw. auch nicht erkannten Werbung im Artikel beantworten. Ergebnis der Studie ist, dass 67,9 % der Teilnehmer die Werbung trotz einer Angabe nicht erkannten, 14,6 % den Enthüllungshinweis als klassische Werbung identifiziert haben, 17,5 % erkannten die Werbung selbst. Diese Personen waren selbst schon mit der Thematik des Native Advertisings vertraut und somit sensibilisiert. (Hyman, Franklyn, Yee, & Mohammad, 2017).

> „Nur bei zwei Faktoren konnte Wojdynski einen Einfluss auf die Erkennung der Werbung feststellen. Die Präsenz des Logos der werbenden Firma und die starke Variante des Enthüllungshinweises erleichterten signifikant, ob das Native Ad als solches wahrgenommen wurde."

(Ertz, 2018).

Weiteres Ergebnis der Studie war die bewertet mindere Qualität der Artikel, welche Werbung enthielten. Dabei hielten ebenso die Hälfte der Probanden die Inhalte für unbezahlt, lediglich 37 % verstanden den Hintergrund der Werbeidee und Strategie. (Wojdynski, 2017).

> „Beide Studien zeigen, dass Native Advertising somit ein Täuschungsmanöver bleibt, das vermutlich vor allem der Glaubwürdigkeit des Journalismus und der Medienunternehmen schadet."

(Ertz, 2018).

6 Fazit

Eine im Jahr 2012 begonnene Studie lieferte im Jahr 2014 das Ergebnis zu einer Untersuchung, inwiefern eine Manipulation der Gefühle der Nutzer auf Facebook durch mehrheitlich positiv konnotierte bzw. negativ geprägte Beiträge und Botschaften vorliegt und wie jene Nutzergruppen darauf reagierten. Dabei wurden 700.000 Nutzer in diesen Versuch, ohne vorherige Information darüber, integriert. Facebook befand sich in dieser Zeit in einer rechtlichen Grauzone, da eine Einwilligung der Datenanalyse bereits bei der Anmeldung unterzeichnet wurde. Facebooks Data-Science-Team erkannte, dass die jeweiligen Gruppen, bspw. jene, die mit mehrheitlich positiven Beiträgen auf der *Timeline* beeinflusst wurde, auch entsprechend positive Nachrichten und Beiträge verfassten und umgekehrt. Die Studie repräsentierte die maßgeblich emotionale Ansteckung ohne eine gezielte Interaktion. Auch wenn dieser Effekt eine marginale Größe darstellt, ist die quantitative Auswirkung, gemessen an der Größe der Plattform, entscheidend. Diese Studie stellt beispielhaft dar, wie schon im kleinen Rahmen durch dezidierte Schaltung bestimmter Beiträge Nutzer manipuliert werden können. (Wendt & Beuth, 2014).

Insbesondere nach dem jüngsten Skandal des Nutzerdaten-Sharings durch Facebook Anfang 2018, als Nutzerdaten bei einer auf Facebook angebotenen Umfrage an die Analysefirma „Cambridge Analytica" im Unwissen der Nutzer weitergereicht wurden, begann ein Umdenken über die Datensicherheit im Bereich der Web 2.0 Plattformen. Wichtiger Aspekt hierbei: Laut Ermittlungen soll „Cambridge Analytica" jene erworbenen Daten zur Zuordnung der politischen Einstellung der Nutzer verwendet haben, um so zielgerichtet Wahlwerbung für Donald Trump schalten zu können. Dies steht beispielhaft für die unterbewusste, jedoch zielgerichtete Zuschaltung von Werbung auf sozialen Medien und die Gefahren möglicher Manipulation und Datenschutzverletzungen.

Doch wie hoch liegt allgemein das Vertrauen in Werbung auf bspw. Facebook oder Twitter? Nach einer Untersuchung durch Dr. Roland Heintze misstrauen circa 58% der Nutzer trotz der hohen Reichweite der Werbung auf Facebook, ganze 54% stehen der Werbung auf Twitter misstrauisch gegenüber. (Heintze, 2018).

Ferner zeigt sich trotz der Undurchsichtigkeit der AGBs und Nutzungsbedingungen, sowie über das gesunkene Vertrauen in Plattformen wie Google oder Facebook (lediglich 18 % vertrauen Facebook nach dem Skandal), dass zwar ein grundlegendes Interesse an Datenschutz besteht, jedoch eine Studie der Wirtschafts- und Beratungsgesellschaft PwC zeigt, dass im Umgang mit sozialen Medien eine andere

Meinung der Deutschen vorliegt. Datenschutz als eine zweischneidige Klinge: Einerseits gab es im ersten Monat nach Einführung der DSGVO circa 30 Beschwerden gegen Verletzungen im Datenrecht täglich, andererseits offenbart die PwC Studie, dass zwar 74 % kostenlos Social-Media Kanäle ohne Finanzierung über Werbung nutzen wollen, jedoch 39 % der 18-24 Jährigen bereit sind für Social-Media zu zahlen. Insgesamt 41 % sind mit dem bestehenden Konzept der Finanzierung durch Werbung und dem Verkauf von Nutzerbezogenen Daten einverstanden, ebenso 44 % der 30-39-Jährigen teilen diese Einstellung. Lediglich 8 % wollen Hintergrundinformationen über den Umgang mit eigenen Daten erfahren. (Wollenschläger, 2018).

Ferner spricht die Presse schon von einem Versagen des Staates im Datenschutz, insbesondere der EU, da jene DSGVO laut Datenschützer viel zu spät implementiert wurde. Schon 2016 berichtete der WDR über die Lücken im System des Trackings, indem Spuren der Nutzer bis ins Detail via Eindringen in die Daten der legalen Tracking-Methoden möglich war. Dabei waren die Datenhändler weniger an Facebook oder anderen Social-Media-Plattformen, sondern mehr an die Implementierung bestimmter Cookies und Diebstahl bestimmter Datensätze im Browser interessiert. Mittles des Trackings und der Übermittlung des Browserprofils und des Nutzerverhaltens war eine genaue Identifikation der Telefonnummer, Mail-Adressen und sonstige Angaben, sowie der Handel mit den sensiblen Daten problemlos möglich. (Welchering, 2016).

Jedoch zeigt diese Arbeit auch das Potential der Werbung im Zuge der Digitalisierung auf sozialen Medien. Maßgeblicher Wandel fand und findet in der Art der Zielgruppenanalyse und -Ermittling statt, sowie die Anpassung der Kommunikations- und Darstellungsmittel. Kommunikation über mobile Endgeräte und Desktop-Anwendungen im Social-Media Bereich gewann zunehmend an Bedeutung und zeigt sich vor allem an den stetig wachsenden Nutzungszeiten der Anwendungen (siehe Abb. 10).

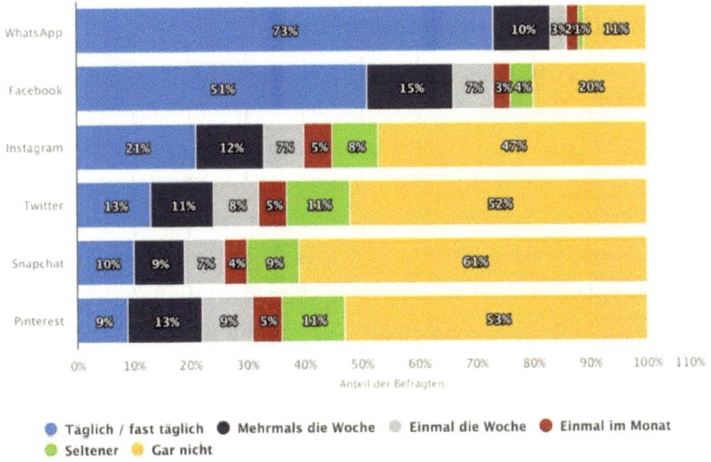

Abbildung 12 - Wie häufig nutzen Sie die folgenden sozialen Medien bzw. Netzwerke? (Statista, 2018).

Soziale Medien schafften es die Webeeinnahmen durch klassische Medien zu überholen und bewiesen durch die Möglichkeiten der Kommunikation und Interaktion das Potential im Marketingbereich. Darunter fällt auch die Veränderung der Zielgruppenaktivität auf jenen Märkten, seien es die Gewohnheiten oder Art der Informationsbeschaffung und des Kaufverhaltens.

Wo liegt die Zukunft des Social-Media-Marketings und der Werbung in Verbindung mit jenen Tracking-Maßnahmen? Tendenzen lassen sich bei der Etablierung von Smart-Homes mit Anknüpfung an soziale Plattformen erkennen. Doch sind diese „mithörenden" Systeme in Verbindung mit den privaten Daten sicher? Ebenso zeigt sich ein erhöhter Bedienungsaufwand durch vermehrte Reize im Bereich Werbung und Apps. Doch dies stellt ein neues, weitreichendes Kapitel dar, was mehr auf Vermutungen basiert und deshalb nicht Teil dieser Arbeit sein kann.

7 Wie können sich Verbraucher schützen? Ein Ausblick in die Medienerziehung und Maßnahmen

Grundsätzlich war die Etablierung zur Datenschutz-Grundverordnung ein wichtiger und richtiger Schritt im Interesse der Verbraucher und des Verbraucherschutzes, jedoch bedarf es weitere Schritte zur Aufklärung der Nutzer im Bereich Werbung und Tracking, insbesondere für Kinder und Heranwachsende. Dieses Kapitel soll einen Ausblick über erzieherische Methoden und Ansätze zur Aufklärung geben. Dabei lag der Fokus auf die deutschen Informationsportale *Webhelm*, eine Plattform mit Informationsangeboten über aktuelle Online-Themen, sowie der Website *JFF* des Instituts für Medienpädagogik. Hierbei liegt der Ausblick jedoch auf anwendbare Methoden, welche ohne IT-Fachkenntnisse vom Verbraucher umgesetzt werden können.

7.1 Tracking

Beginnend mit der Maßnahme zur Zielgruppenanalyse und Datenermittlung stellt das Tracking den Initiator für Werbemaßnahmen Online und auf sozialen Plattformen dar. Dabei setzte die Datenschutz-Grundverordnung durch, dass jenes Tracking durch beispielsweise Cookies für jeden Nutzer zuvor angezeigt und mittels Einwilligung aktiviert werden muss. Ferner kann der Nutzer entweder durch browserinterne Einstellungen, wie dem automatischen Löschen von Cookies oder dem Unterbinden der Speicherung dieser, ein Tracking verhindern. Durch Internet-Security-Programme kann diese Funktion oft mit wenigen Schritten, auch ohne große Vorkenntnisse, aktiviert werden. Auch wenn einige Websites zur Vollständigkeit Cookies benötigen, werden diese mittels der zuvor getroffenen Einstellungen automatisch entfernt, also nur temporär gespeichert und verhindern so die die Auswertung des Surfverhaltens auf Websites oder Social-Media-Plattformen. Ohnehin ist ein Internet-Security-Programm Grundlage für die Sicherheit der Daten und Schutz vor Zugriffe auf PC oder mobilen Endgeräten via Hacking. (Fischer, Tipps gegen Tracking, 2018).

Für mobile Endgeräte ist es u.a. empfehlenswert die Zugriffsberechtigungen der Apps zu beschränken, insbesondere den Zugriff auf Kontakte oder GPS-Tracking. Oftmals genügt es diese Funktion am mobilen Endgerät vollständig zu deaktivieren. So verhindert der Nutzer Ortungs- und Bewegungsprofile, wie es vor der Etablierung der Datenschutz-Grundverordnung Google frei tun konnte und so sämtliche Bewegungsmuster, Zeiten und Aufenthaltsorte speichern konnte.

Um den *digitalen Fingerabdruck* zu verhindern bedarf es jedoch aufwändigerer Methoden. Hierbei hat der Verbraucher die Möglichkeit mittels externer Programme, welche oftmals nur gegen Bezahlung genutzt werden können, seine IP- und Mac-Adressen zu verschleiern. Dies geschieht über einen Proxy, indem Websites nicht direkt, sondern über eine Relais-Station aufgerufen werden. Problematisch hierbei sind zum einen die Kosten, sowie die Drosselung der Geschwindigkeit. Oft bieten solche Programme die Zusätze der Unterbindung des Zugriffs via flash, java oder andere Skripte. Dies verhindert ein Tracking über Umwege. Zusätzlich rät die Plattform Webhelm zu folgender Maßnahme:

> „Auch bei der Wahl der Suchmaschine kann auf ein höheres Maß an Anonymität Wert gelegt werden. Im Netz existieren einige Suchmaschinen wie „duckduckgo", die die Gefahren des Trackings ernst nehmen und eventuell eine interessante Alternative zu Google darstellen. Zudem gibt es mit dem Browser CLIQZ eine modifizierte Firefox Version, bei der Skripte standardmäßig geblockt werden."

(Fischer, Tipps gegen Tracking, 2018).

Gesamt betrachtet stellt sich heraus, dass ein uneingeschränkter Schutz vor Tracking nicht möglich ist. Dennoch kann mittels bestimmter Einstellungen und Software zumindest stellenweise der Datenschutz unterstützt werden. Wichtigste Maßnahme bleibt ohnehin der richtige und verantwortungsbewusste Umgang mit den eigenen, privaten Daten.

7.2 Social-Hacking und Missbrauch

Ausgehend vom erfolgreichen Tracking zur Personalisierung der Werbung für den Nutzer, bewegt sich dieser trotz allem in einer Web-Welt aus diversen Werbeanzeigen. Dennoch beginnt diese Analyse des jeweiligen Nutzers nicht nur bei Tracking-Methoden via Cookies oder Verläufe, sondern insbesondere auf sozialen Medien mit der Interaktion der angezeigten Inhalte oder dem eigenen Generieren von Inhalten, wie Bilder, Statusmeldungen oder Kommentare. Insbesondere Beiträge mit einem *„Like"* zu versehen ermöglicht nachhaltige Einblicke in die persönliche Gesinnung oder Einstellung zu den Inhalten.

> „Ganz gleich, wie intensiv dabei der jeweilige Soziale Netzwerkdienst genutzt wird, klar ist, dass hier jeweils ein sehr konkretes Bild der eigenen Persönlichkeit öffentlich präsentiert wird. Dieses Profil kann entsprechend kommerziell für zielgruppenspezifische Werbung oder auch bei Einstellungsverfahren von Firmen ausgewertet werden."

(Fischer, 2017).

Jene ermittelten Daten dienen im Bereich der Big-Data-Analyse zur nutzerspezifischen Anpassung der angezeigten Inhalte. (Kreutzer R., 2018). So gerieten diverse Seiten wie *Faktastisch* unter die Beobachtung der Datenschützer aufgrund der Annahme, dass eine spezifische Interaktionen mit Inhalten ausgewertet wurden. Ein Beispiel hierfür ist ein Bild mit der Aufschrift *„Menschen, die oft zu spät kommen, sind intelligenter und unabhängiger".* Der Verdacht lag hier bei der Einordnung der Nutzer in die salopp gesagt Kategorie der „Zuspätkommer", die jene auch mit einem „Like" versehen haben. Bestätigt wurde diese Vermutung jedoch nicht. Grundsätzlich gibt dieses Beispiel jedoch eine Übersicht über die Sensibilität der psychosozialen Bereiche der Nutzer, dass simpel die Privatsphäre im Internet, insbesondere im Bereich der sozialen Medien, auf die Probe gestellt wird. Gerade das Profiling über empfindliche Bereiche wie Präferenzen, Gesinnungen, Meinungen oder Vorlieben können verletzt werden. Folge dessen könnte neben der Anpassung der Werbung auch der weitere Zuschnitt angezeigter Beiträge sein. So sieht Fischer das Risiko, dass *„(...) für die Nutzenden ein angenehmes Umfeld [geschaffen wird], damit sie die betreffende App weiterhin nutzen. Doch wenn bei der Zusammenstellung von Nachrichten im Internet eine Sortierung und Filterung der Meldungen, in Richtung meiner eigenen Meinung und Interessen, stattfindet, bewegen sich Menschen zunehmend in sogenannten „Filter Blasen", quasi in digitalen Echokammern: Ein Blick über den eigenen Tellerrand hinaus, wird somit immer schwieriger."* (Fischer, 2017).

Oft unterhalten die Nutzer die Social-Media-Nutzung mit einer Einstellung „Ich habe nichts zu verbergen!" und können dennoch Opfer von Werbemanipulation und Social-Hacking werden.

> „Damit lassen sich Prognosen über den Gesundheitszustand einer Person und deren individuelles Risikopotential entwickeln. Gelangen diese Daten in falsche Hände, zum Beispiel in die Hände von Kranken- oder Lebensversicherungen, kann dies enorme Probleme aufwerfen. Während personenbezogene Risikozuschläge bei gesetzlichen Krankenversicherungen unüblich sind, kommen sie bei Lebens-Versicherungen bereits zum Einsatz."

(Fischer, 2017).

Zusammengefasst bedeutet dies für den Nutzer eine aufmerksamere Nutzung der Plattformen und verantwortungsbewussten Umgang mit persönlichen Daten, sowie der Aufmerksamkeit über die Inhalte, mit welchen jener interagiert.

7.3 Werbung

Auch hier ergeben sich zwei Möglichkeiten zur Reduzierung der Werbeflut auf Websites und Social-Media-Plattformen. Zum einen ermöglichen Software-AddOns wie „AdBlocker" die Abschaltung der Werbung, insbesondere Werbebanner. Diese Lösung stößt aber zunehmend auf die Problematik der Identifikation dieser Softwarelösung jener Websites, welche folglich ihr Angebot limitieren. Auch kann diese Software keine Native-Ads oder Videoszenen beschränken.

Deshalb ist die zweite Möglichkeit der aufmerksame Medienkonsum. Damit ist gemeint, dass aufgrund der Kennzeichnungspflicht von Werbung diese oftmals schnell als solche identifiziert werden kann. Auch bietet YouTube die Möglichkeit diese Szenen zu überspringen, Instagram und Facebook jene auszublenden. Dies geschieht über einen einfachen Klick oberhalb des Beitrags mit der Auswahloption *„Werbebeiträge zukünftig ausblenden"*. Selbstverständlich bietet auch diese Lösung keine dauerhafte Abschaltung, sondern nur eine temporäre Lösung für die aktive Nutzungs-Session.

7.4 Erziehungsmaßnahmen

Besonders stellen die Angebote der sozialen Medien einen elementaren Bestandteil des Medienalltags Jugendlicher dar. Insgesamt besitzen 97 % der 12-19-jährigen in Deutschland ein Smartphone und haben so die Möglichkeit auch mobil auf die Angebote via Apps zuzugreifen. (GfK Media and Communication, 2017). In einer Befragung über die Anzahl der Netzwerke durch das Institut Bitkom Research gaben Jugendliche im Alter von 12-19 Jahren an, dass 29,7% lediglich ein Netzwerk nutzen, 32,4% zwei und 21,3% drei Netzwerke.

> „Die Interaktions- und Kommunikationsstrukturen Sozialer Netzwerkdienste stellen für Jugendliche wichtige Räume zum Austausch und zur Vernetzung dar. Sie bieten zudem Präsentationsflächen für Selbstausdruck und Identitätsarbeit sowie eine große Menge an massenmedialen und nutzergenerierten Inhalten."
>
> (Brüggen, Dirr, Schemmerling, & Wagner, 2018).

Neben der Nutzung der Social-Media Elemente im Sozialisationsprozess soll in diesem Abschnitt der Fokus auf die kommerzielle Beeinflussung Jugendlicher liegen.

So stellt die Studie der JFF fest, dass zwar wenig über die Einstellung und bewusste oder unbewusste Aufnahme von Werbung der Jugendlichen bekannt ist, jedoch die Hälfte Werbeangebote zur Finanzierung der Plattformen vermutet. (Brüggen, Dirr, Schemmerling, & Wagner, 2018)

Insbesondere das möglicherweise mangelnde Verständnis um die Auswirkungen der Interaktion mit Inhalten auf diversen Plattformen als Maßnahme für Tracking und Social-Hacking kann ein Risiko für jugendliche und Kinder werden.

Zur Medienkompetenzförderung und Bildung der Verbraucher in diesen Aspekten ist die weitreichende Herstellung der Handlungssicherheit und ein Verständnis über die Auswirkungen der Nutzung. Denn entstehen hier zwangläufig Datensätze und Spuren, welche ein Online-Profil ausbauen.

> „Zudem sehen sich Nutzende einer Reihe an Konsumoptionen gegenüber, die teilweise nur auf den ersten Blick kostenfrei erscheinen. Bei anderen ist es eine Herausforderung, festzustellen, ob z. B. App-Angebote für Smartphones die – meist geringen – Nutzungsentgelte wert sind. Darüber hinaus liegen in den vielfältigen Möglichkeiten, selbst Inhalte zu veröffentlichen, auch diverse Stolpersteine, um unbewusst oder bewusst gegen urheberrechtliche Bestimmungen oder andere Persönlichkeitsrechte zu verstoßen."
>
> (Brüggen, Dirr, Schemmerling, & Wagner, 2018).

Vor diesem vielschichtigen Hintergrund stellt die Bildung medienkompetenter und mündiger Nutzer eine große Herausforderung dar. Korrekt zu bewerten, orientiert zu handeln und um die Auswirkungen zu wissen.

Dabei gibt das JFF folgende Maßnahmen und Ziele zu Erreichung der Medienkompetenz an:

- Die höhere Sensibilisierung im Bereich Konsum sowie weitereichende Reflexion des eigenen Handelns und das damit einhergehende Bewusstsein über die eigene Verantwortung im Bereich Konsum und Netzwerk.
- Spezifisches Wissen im Feld des Konsums zu erlangen, um die Verknüpfungen des Online-Marketings zu verstehen und zu erkennen und so sein Handeln entsprechend anzupassen
- Das Treffen reflektierter Konsumentscheidungen um so auch sein eigenes Medienhandeln zu reflektieren und ggf. zu beschränken. Dazu zählen ebenso ein kritisches Denken und Fällen von Urteilen über den Markt und

eigenen Konsum der Medien. (Brüggen, Dirr, Schemmerling, & Wagner, 2018)

Abbildung 13 - Dimensionen von Medienkompetenz. (Huber, 2014).

Diese Punkte stellen lediglich Ideen für die Nutzer selbst dar, insbesondere für die Heranwachsenden. Auf der anderen Seite stehen auch der Markt selbst, sowie jene Plattformen in der Verantwortung gegen bspw. Schleichwerbung und nicht identifizierte Werbung vorzugehen.

Problematisch ist hierbei das rasch wachsende Angebot aufgrund der Informationsgeschwindigkeit im selbst schaffenden Web 2.0. Das oft unüberschaubare Angebot drängt die Nutzer in kürzere Entscheidungszeiträume und macht eine reflektierte Auswertung der konsumierten Inhalte oft schwer. Darüber hinaus gibt es laut JFF eine wachsende Gruppe an „verletzlichen" Verbrauchern, welche zunehmend Schwierigkeiten mit der Verarbeitung generell haben. Ferner präsentiert die Studie das Ergebnis der drei zentralen Herausforderungen zur Verbesserung der Verbraucherbildung. Zum einen gehen Jugendliche oft davon aus bereits kompetent genug im Umgang mit den Angeboten der Plattformen zu sein. Hier liegt die Herausforderung diese Fehleinschätzung mittels pädagogischer Arbeit zu durchbrechen und ausreichende Maßnahmen zur Aufklärung in bereits jungen Jahren zu starten. Hauptaugenmerk sollte dabei die Werbung und der Einfluss auf die Verbraucher sein.

Weiterhin mangelt es an einer unkritischen Reflexion der Ursprünge von Informationen, vertrauen Jugendliche oftmals auf Vorbilder und Personen aus ihrem Umfeld. Voranging sollte hier die kritische Betrachtung und das Setzen von Kriterien sein, um solche Quellen schneller und objektiver bewerten zu können. *"Eine kritische Auseinandersetzung mit dem eigenen Informationshandeln und den Bewertungsmaßstäben für die Güte von Informationen sollte folglich in der Arbeit mit Jugendlichen unterstützt werden."* (Brüggen, Dirr, Schemmerling, & Wagner, 2018).

Darüber hinaus ist ein weiter Aspekt die Entscheidungsfähigkeit und Entscheidungsfindung der Jugendlichen zu stärken um so Angebote im eigenen Medienraum objektiver bewerten zu können. Dabei sollen die Heranwachsenden nicht um ihren Handlungsraum beraubt werden, sondern die eigene Entscheidungsbereitschaft und Handlungssicherheit im medialen Raum gestärkt werden. (Brüggen, Dirr, Schemmerling, & Wagner, 2018)

Auch wenn Jugendliche Online-Werbung größtenteils ablehnen, wird diese nur selten unterbunden, oftmals fehlt auch die Vorstellung über die Geschäftsmethodik und die kommerziellen Hintergründe der Werbung. Daraus resultiert laut JFF der Mangel Konsequenzen abzuleiten.

Für diesen Aspekt soll noch einmal der Effekt der *Banner Blindness* aus vorherigen Kapiteln aufgegriffen werden, also das bewusste und oder unbewusste Nicht-Wahrnehmen von Werbeanzeigen oder Bannern. Hier stellt sich die Frage, inwieweit Jugendliche nicht doch schon die Gewöhnung an Werbung vollzogen haben und wie schädlich dies für jene Heranwachsende ist.

Hinsichtlich dieser Herausforderung bedarf es einer genaueren Betrachtung der Entscheidung in der Online-Welt durch Jugendliche. Diese wägen mehr im Sinne der Alltagstauglichkeit und Sinnhaftigkeit ab, während Konsequenzen weniger Beachtung finden.

> „Dies verdeutlicht, dass die Jugendlichen ihre Entscheidungen nicht (allein) nach einem rationalen Kosten-Nutzen-Kalkül treffen. Hier gilt es in der pädagogischen Arbeit anzusetzen. (...) Verbraucherbildung und Medienkompetenzförderung sind an dieser Stelle mit politischer Bildung im weiteren Sinne verbunden, wenn sie den Wert einer demokratischen Grundordnung und der damit verbundenen Freiheitsrechte nachvollziehbar machen. Konkret geht es also auch darum, sich zu vergegenwärtigen, welche Bedeutung für die Lebensführung der Einzelnen derartige Ausweitungsmöglichkeiten in nicht demokratisch verfassten Staaten haben."
>
> (Brüggen, Dirr, Schemmerling, & Wagner, 2018).

Deshalb liegt es schon in jungen Jahren in der Hand des Verbraucherschutzes entsprechendes Informationsmaterial in Zusammenarbeit mit medienpädagogischen Instituten den Eltern und Heranwachsenden zu Verfügung zu stellen, um aufgezeigte Ziele anzustreben und ferner eine rationale Entscheidungsfindung und Reflexion zu erreichen.

Literaturverzeichnis

Allen, R. (06. Februar 2017). *What happebs online in 60 seconds?* Abgerufen am Mai 2018 von Smart Insights: https://www.smartinsights.com/internet-marketing-statistics/happens-online-60-seconds/

AllFacebook.de. (12. Mai 2018). *Aktuelle Nutzerzahlen: Facebook, Instagram, WhatsApp, Messenger, Groups, ...* Abgerufen am Mai 2018 von AllFacebook.de: https://allfacebook.de/toll/state-of-facebook

Altendrof, M. (14. Dezember 2010). *Social Targeting – präzise und sauber.* Abgerufen am März 2018 von Adzine: https://www.adzine.de/2010/12/social-targeting-praezise-und-sauber-online-media/

Atzmüller, M. (2012). *Mining Social Media.* Von Gesellschaft für Informatik: https://gi.de/informatiklexikon/mining-social-media/ abgerufen

Baier, J. (24. Mai 2017). *Wann wird Influencer-Marketing zu Schleichwerbung?*. Von Verlag Werben & Verkaufen GmbH: https://www.wuv.de/marketing/wann_wird_influencer_marketing_zu_schleichwerbung abgerufen

Barbier, G., & Liu, H. (2016). *Data Mining in Social Media.* Von Semantic Scholar: https://pdfs.semanticscholar.org/8a60/b082aa758c317e9677beed7e7776acde5e4c.pdf abgerufen

Becker, H. (05. Juli 2018). *Hannes_Becker.* Von Instagram: https://www.instagram.com/p/Bj-VOgpnoH_/?taken-by=hannes_becker abgerufen

Beilharz, F. (2012). *Social-Meida-Management.* Göttingen: BusinessVillage GmbH.

Bernecker, M. (April 2018). *Studie Social Media Marketing in Unternehmen 2018.* Von Deutsches Institut für Marketing: https://www.marketinginstitut.biz/fileadmin/user_upload/DIM/Dokumente/DIM_Kurzzusammenfassung_Studie_Social_Media_Marketing_2018_April_2018.pdf abgerufen

Brüggen, N., Dirr, E., Schemmerling, M., & Wagner, U. (2018). *Jugendliche und Online-Werbung im Social Web.* München: Institut für Medienpädagogik.

Bruhn, M. (2009). *Marketing: Grundlagen für Studium und Praxis.* Wiesbaden: Springer Gabler.

Buchenau, P., & Fürtbauer, D. (2016). Chefsache Social Media Marketing: Wie erfolgreiche Unternehmen schon heute den Markt der Zukunft bestimmen. Wiesbaden: Springer Gabler.

Crusomedia. (20. Juni 2017). *Das Geheimnis einer erfolgreichen Zielgruppenanalyse* . Von Crusomedia: https://www.crusoemedia.com/blog/erfolgreiche-zielgruppenanalyse abgerufen

Daddydahoam. (22. November 2016). *Kleine Anleitung: Sponsored Posts bei Facebook bewerben* . Von Daddydahoam: https://daddydahoam.com/kleine-anleitung-sponsored-posts-bei-facebook-bewerben-db2212c88afd abgerufen Mai 2018

Datenschutz.org. (2018). *Datenschutz in sozialen Netzwerken: Sehen und gesehen werden* . Von Datenschutz.org: https://www.datenschutz.org/soziale-netzwerke/#datenschutz-beim-social-media-monitoring-achten-unternehmen-muessen-vorsichtig-sein abgerufen Mai 2018

Definition of Marketing. (23. März 2018). Abgerufen am März 2018 von American Marketing Association: https://www.ama.org/AboutAMA/Pages/Definition-of-Marketing.aspx

Dziuba, T. (6. August 2017). *Facebook Gebotsvatianten* . Von TobiasDziuba: Bekanntheit (Reichweite und Bekanntheit auf Markt oder regional), Erwägung (Besucherverkehr, Interaktionen, Aufrufe) und Conversion (Verkäufe, Besuche im Geschäft) abgerufen Mai 2018

Dziuba, T. (29. Januar 2017). *Tracking-Methoden im Affiliate-Marketing.* Abgerufen am Juli 2018 von Tobias-Dziuba: https://tobias-dziuba.de/tracking-methoden-im-affiliate-marketing/#Tracking-Methoden_im_Affiliate-Marketing

eMarketer, I. (26. April 2016). *Facebook Continues to Grow, Steadily Adding New Revenue Streams* . Von eMarketer: https://www.emarketer.com/Article/Facebook-Continues-Grow-Steadily-Adding-New-Revenue-Streams/1013875 abgerufen

Ertz, G. (17. Januar 2018). *Native Advertising – eine Mogelpackung.* Von European Journalusm Observatory: https://de.ejo-online.eu/redaktion-oekonomie/public-relations-marketing/native-advertising-eine-mogelpackung abgerufen Mai 2018

Facebook. (12. Mai 2018). *Faebook Business.* Von Facebook: https://www.facebook.com/business/ abgerufen Mai 2018

Faktendoktor. (2018). *Social-Media-Atlas 2017/2018.* Wiesbaden: Faktendoktor, Toluna. Von Faktendoktor. abgerufen Mai 2018

Fechner, G. (26. Januar 2018). *DSGVO: So sollte Ihre Datenschutzerklärung aussehen*. Von cloudmagazin.com: https://www.cloudmagazin.com/2018/01/26/dsgvo-bestandteile-datenschutzerklaerung/ abgerufen Mai 2018

Fischer, F. (23. Mai 2017). *Datenschutz.* Abgerufen am März 2018 von Webhelm: https://webhelm.de/datenschutz/

Fischer, F. (12. Dezember 2017). *Informationelle Selbstbestimmung.* Abgerufen am Mai 2018 von Webhelm: https://webhelm.de/informationelle-selbstbestimmung/

Fischer, F. (23. Mai 2018). *Tipps gegen Tracking.* Abgerufen am Mai 2018 von Webhelm: https://webhelm.de/tipps-gegen-tracking/

Gabriel, R., & Röhrs, H.-P. (2017). *Social Media. Potenziale, Trends, Chancen, Risiken.* Berlin: Springer-Gabler.

GfK Media and Communication, R. (2017. Juni 2017). *Anteil der Jugendlichen in Deutschland, die ein Smartphone besitzen, nach Altersgruppe im Jahr 2017.* Abgerufen am 2018 Juli von Statista: https://de.statista.com/statistik/daten/studie/589577/umfrage/smartphone-besitz-von-jugendlichen-in-deutschlandnach-altersgruppe/

Gosse, L., Handte, L., & Wrobel, M. (30. Juni 2016). *QFM30 Einfluss von Social Media Marketing auf das Kaufverhalten.* Von Technische Universität Darmstadt: http://wiki.ifs-tud.de/fm/quant_fometh/ss_2016/qfm30_markenauftritte_in_sozialen_netzwerken abgerufen Mai 2018

Grabs, A., Bannour, K., & Vogl, E. (2014). *Follow me!: Erfolgreiches Social Media Marketing mit Facebok, Twitter und Co.* Bonn: Galileo Press.

Heintze, R. (30. März 2016). *Faktendoktor*. Von Studie: Mehr Kaufentscheidungen per Social Media: https://www.faktenkontor.de/pressemeldungen/studie-mehr-kaufentscheidungen-per-social-media/ abgerufen Mai 2018

Heintze, R. (07. Mai 2018). *Soziale Medien Locken Kunden*. Von Faktendoktor: https://www.faktenkontor.de/pressemeldungen/soziale-medien-locken-kunden-so-stark-wie-klassische-werbung/ abgerufen

Heintze, R. (21. März 2018). *Wo stoßen Firmen im Web 2.0 auf Vertrauen?* Von Faktendoktor: https://www.faktenkontor.de/corporate-social-media-blog-faktzweinull/wo-stossen-firmen-im-web-2-0-auf-vertrauen/ abgerufen Mai 2018

Hettler, U. (2012). *Social Media Marketing*. Bonn: Walter de Gruyter.

Huber, M. (2014). *Online-Werbung mit Jugendlichen zum Thema machen*. München: Institut für Medienpädagogik.

Hyman, D., Franklyn, D., Yee, C., & Mohammad, R. (2017). *Going Native: Can Consumers Recognize Native Advertising? Does it Matter?* San Francisco: SSRN.

Katz, E. (12. Mai 2018). *Uses-and-Gratifications-Ansatz*. Abgerufen am Juni 2018 von Uni Trier: http://luhmann.uni-trier.de/index.php?title=Uses-and-Gratifications-Ansatz

Keßler, E., Rabsch, S., & Mandic, M. (2013). *Erfolgreiche Websites: SEA, SEM, Online-Marketing, Usability*. Frankfurt am Main: Deutscher Fachverlag.

Kempcke, A., & Richard, J. (04. Juli 2018). Neue strenge Anforderungen, um Schleichwerbung bei Instagram zu vermeiden: Verlinkung auf Herstellerseite sowie mehr als 50.000 Follower sind Schleichwerbung, wenn Werbung nicht als solche gekennzeichnet wird . Von Internetrecht-Rostock.de: https://www.internetrecht-rostock.de/influemcer-werbung-instagram-lg-berlin.htm abgerufen

Kilbeggan. (15. März 2016). *13 Gründe, warum du echt mal nach Irland reisen solltest* . Von Bento: http://www.bento.de/trip/13-gruende-warum-du-noch-heute-nach-irland-ziehen-solltest-424670/ abgerufen

Kolano, A. (2017). Effektivität in der Online-Kommunikation. Wiesbaden: Springer.

Kotler, P. (2016). Hallbergmoos: Pearson.

Kreutzer, R. (2016). *Online-Marketing*. Wiesbaden: Gabler.

Kreutzer, R. (2018). *Social-Media-Marketing kompakt*. Wiesbaden: Springer.

Litzel, N. (01. September 2016). *Was ist Data Mining?* Von BigData Insider: https://www.bigdata-insider.de/was-ist-data-mining-a-593421/ abgerufen Mai 2018

Liu, H. (2011). Data Mining in Social Media. In C. Aggarwal, *Social Network Data Analytics*. Boston: Springer. Von Semantic Scholar: https://pdfs.semanticscholar.org/8a60/b082aa758c317e9677beed7e7776acde5e4c.pdf abgerufen Mai 2018

Müller, M. (09. November 2014). *Seelen-Verkäufer: Wie sich Native Advertising in den Medien ausbreitet*. Von YouTube: https://www.youtube.com/watch?v=jVgl1Gj00F0 abgerufen Mai 2018

Rossmann, A., & Sonntag, R. (2013). Social Commerce – Der Einfluss interaktiver Online-Medien auf das Kaufverhalten der Kunden. *Dialogmarketing perspektiven 2012/13*, S. 149-178.

Ruff, M. (2018). *ePrivacy-Verordnung: Die Ergänzung zur EU-Datenschutzverordnung*. Von datenschutz.org: https://www.datenschutz.org/eprivacy-verordnung/ abgerufen Mai 2018

Ruff, M. (2018). *EU-Datenschutzgrundverordnung (DSGVO): Verbindliches Datenschutzrecht für alle!*. Von Datenschutz.org: https://www.datenschutz.org/eu-datenschutzgrundverordnung/ abgerufen Mai 2018

Rundfunkstaatsvertrag, § 58 Absatz 3, § 7 Abs. 3 (Mai 2018).

Ryte. (24. Mai 2018). *Native Advertising*. Von Ryte Wiki: https://de.ryte.com/wiki/Native_Advertising abgerufen Mai 2018

Saleh, K. (14. März 2017). *How Social Media Influences Purchase Decisions – Statistics And Trends*. Von invesp: https://www.invespcro.com/blog/social-media-influences-purchase-decisions/ abgerufen Mai 2018

Scheffler, H. (2014). Soziale Medien. Einführung in das Thema aus Sicht der Marktforschung. In C. König, *Soziale Medien. Gegenstand und Instrument der Forschung* (S. 13-28). Wiesbaden: Springer.

Schengber, R. (Juni 2011). *Social Media Einfluss auf das Kaufverhalten im Internet*. Von DSAF: https://www.dsaf.de/downloads/Studie_-_Social_Media_Einfluss_auf_das_Kaufverhalten_im_Internet.pdf abgerufen Mai 2018

Seehaus, C. (2016). Video-Marketing mit YouTube: Video-Kampagnen strategisch planen und erfolgreich managen. Wiesbaden: Springer Gabler.

Siebert, S. (16. Januar 2018). *Facebook Pixel: Ist das Tracking per Interaktions Pixel eigentlich erlaubt?* . Von eRecht24: https://www.e-recht24.de/artikel/facebook/10585-facebook-pixel.html abgerufen Mai 2018

Socaciu, C. (29. März 2017). *Social-Media-Werbung auf der Überholspur* . Abgerufen am Mai 2018 von Springer Professinal: https://www.springerprofessional.de/social-media-marketing/onlinemarketing/social-media-werbung-auf-der-ueberholspur/12177742

SOCIAL MEDIA PRISMA 2017/2018. (kein Datum). Abgerufen am Mai 2018 von Ethority: https://ethority.de/social-media-prisma/

Spiegel-Media. (22. März 2018). *Native Advertising bei bento*. Von Spiegel Media: http://spiegel.media/uploads/Themen/RoteGruppeOnline/neueThemen/bento_Content-Integrationen_Native.pdf abgerufen Mai 2018

Spolders, C. (24. Februar 2014). *Supermarkt wirbt mit Elektro-Lied*. Von Rheinische Post: https://rp-online.de/wirtschaft/unternehmen/edeka-erklaert-das-supergeil-video-mit-friedrich-liechtenstein_aid-9506263 abgerufen

Statista. (Juli 2016). *Social-Media-Werbung*. Abgerufen am Juli 2018 von Statista: https://de.statista.com/outlook/220/100/social-media-werbung/weltweit#market-revenuePerInternetUser

Statista. (01. April 2018). *Wie häufig nutzen Sie die folgenden sozialen Medien bzw. Netzwerke?* Abgerufen am Mai 2018 von Statista: https://de.statista.com/statistik/daten/studie/800806/umfrage/nutzungshaeufigkeit-von-sozialen-medien-nach-plattform-in-deutschland-2018/

Stelzner, M. (Mai 2018). *2018 Social Media Marketing Industry Report*. Von Social-Media Examiner: https://www.socialmediaexaminer.com/social-media-marketing-industry-report-2017/ abgerufen Mai 2018

Weber, M. (14. Juni 2017). *Instagram kennzeichnet Native-Advertising-Inhalte*. Von WUV: https://www.wuv.de/digital/instagram_kennzeichnet_native_advertising_inhalte abgerufen Mai 2018

Welchering, P. (16. August 2016). *Hilfloser Staat: Datenhändler spähen beliebig aus*. Abgerufen am Mai 2018 von WDR: https://blog.wdr.de/digitalistan/hilfloser-staat-datenhaendler-spaehen-beliebig-aus/

Wendt, J., & Beuth, P. (30. Juni 2014). *Facebook-Nutzer als Versuchskaninchen*. Von Zeit Online: https://www.zeit.de/digital/internet/2014-06/facebook-studie-nutzerdaten-datenschutz abgerufen Mai 2018

Woelm, L. (16. Oktober 2017). *Social Ads versus Native Ads: Werbe-Akzeptanz schlägt bloße Reichweite*. Von Adzine: https://www.adzine.de/2017/10/social-ads-versus-native-ads-werbe-akzeptanz-schlaegt-blosse-reichweite/ abgerufen Mai 2018

Wojdynski, B. (2017). "The Deceptiveness of Sponsored News Articles: How Readers Recognize and Perceive Native Advertising.". Georgia: American Behavioral Scientist.

Wollenschläger, J. (2018). *Vertrauen in Medien*. Frankfurt am Main: PwC Communications.